Sœur Eva

OU

Une Histoire sans Fin

TRADUIT DE L'ANGLAIS PAR

CLARA MEYLAN

S. DELATTHE, ÉDITEUR

PRIVAS — (ARDÈCHE)

1930

SŒUR EVA

OU

UNE HISTOIRE SANS FIN

Sœur Eva

OU

Une Histoire sans Fin

TRADUIT DE L'ANGLAIS PAR

CLARA MEYLAN

S. DELATTRE, ÉDITEUR

PRIVAS — (ARDÈCHE)

—

1930

PRÉFACE

L'intéressant récit contenu dans les lettres qui suivent fut d'abord écrit en vue d'une circulation restreinte parmi les membres d'un cercle d'amis, et sans la moindre intention de le publier un jour. Ce récit respire une si charmante simplicité qu'il serait vraiment dommage de lui enlever ce caractère en changeant ce style qui est celui d'une causerie toute familière. Chaque page nous révèle l'œuvre du Divin Potier modelant l'argile qu'Il a choisie et préparée. Cette argile était le cœur d'une jeune fille qui vivait avec son père, dans un château de la noblesse d'autrefois, sur les confins de la Pologne. Ce fut lors d'une visite à Berlin qu'elle passa par « la Nouvelle Naissance », et qu'en un instant elle devint disciple de Christ, d'incrédule qu'elle avait été jusque-là. Ce cœur nouveau fut subitement inondé d'un amour passionné pour les pauvres et les déshérités de son village dans la Haute Silésie. Elle voulait être leur servante pour l'amour de Jésus, et c'est trois ans après qu'elle put commencer dans son propre foyer le travail qui a été et qui est encore l'œuvre de sa vie. Plus tard elle put bâtir un Home pour les sans-famille « dont elle devint *la Mère* ». Pendant plusieurs années elle soutint tout de son propre argent, et durant les quinze premières années cinquante sœurs ou diaconesses se consacrèrent à cette œuvre. 'Un des résultats de la grande vague du Réveil au Pays de Galles fut que vingt autres sœurs se joignirent à elle. Depuis ce moment, même pendant les tragiques années de la Grande Guerre, l'œuvre n'a cessé de grandir et à présent, en dehors de Friedenshort, il existe quarante de ces « Homes », hébergeant 1400 enfants et 650 diaconesses qui travaillent principalement en Allemagne, et quelques-unes en Pologne, en Tchéco-Slovaquie, en Suisse, en Norvège et même en Chine. Friedenshort est la maison Mère et le centre de toutes ces activités, et c'est là qu'un grand nombre de jeunes sœurs sont formées à soigner 120 pauvres enfants et bien des adultes aveugles, boiteux ou paralysés. La « Mère Eva » a comme aide précieuse « Sœur Annie », une Anglaise que Dieu a appelée à se joindre à cette œuvre. Comme cette œuvre a été fondée et marche « *par la Foi* », on ne fait aucun appel financier, ne comptant que sur Dieu seul. Tous les besoins Lui sont exposés en prière, et avec foi, et toute cette histoire sans fin n'est que le récit merveilleux des exaucements de Celui qui répond toujours à la foi de ses enfants. C'est un vibrant témoignage rendu à Sa Parole, et jamais plus que maintenant, le monde n'a eu besoin d'un témoignage pareil. Ceux qu'ont rendu George Müller, de Bristol, et Ch. Cullis, de Boston ont fortement impressionné leur génération, mais leurs noms sont presque oubliés maintenant. Nous avons besoin d'un nouveau témoignage qui nous rappelle que Dieu vit et agit et aime comme autrefois ; et que nous devons *à tout prix* et *pour toutes choses* nous confier en Lui et nous fier à Ses promesses. Cette Histoire qui se passe au pays de Luther est tout juste ce qu'il nous faut, car elle nous montre comment des difficultés presque insurmontables ont été et sont encore surmontées journellement et transformées en glorieuses victoires par une foi enfantine dans la puissance de Dieu. Ce récit est si *réel*, si touchant, si pur de tout mobile intéressé, qu'on y sent battre le cœur de Dieu. C'est pourquoi je salue son apparition et le recommande à tous ceux qui aiment le Seigneur Jésus-Christ et désirent Le suivre. Je voudrais surtout que les jeunes chrétiens le lisent et le relisent jusqu'à en être *saisis* et *gagnés* de façon à y répondre par une vie livrée et un service de foi semblable à celui qui a inspiré ces pages.

Charles INWOOD.

La
deuxième vision d'Ezéchiel.

(Ch. 47. 1)

...Et voici, de l'eau coulait sous le seuil de la maison, du côté de l'Orient ; (v. 1)...

Et voici l'eau coulait (v. 2)

Il mesura mille autres coudées, et me fit traverser les eaux, et j'en avais jusqu'aux chevilles. (v. 3.)

Il mesura encore mille coudées et me fit traverser les eaux qui me venaient jusqu'aux genoux (v. 4.)

Il mesura mille autres coudées et me fit traverser les eaux, et j'avais de l'eau jusqu'aux reins. (v. 1.)

Il mesura mille autres coudées, et c'était un torrent que je ne pouvais traverser ; car les eaux étaient si profondes qu'il fallait les passer à la nage. (v. 5.)

Tout être vivant qui se meut vivra partout où le torrent coulera, et il y aura une grande quantité de poissons ; car là où cette eau arrivera, les eaux deviendront saines, et tout vivra (v. 9.)

Parce que les eaux sortiront du sanctuaire. (v. 12.)

Pendant la traversée de l'Arizona

(Etats-Unis d'Amérique)

Sur la plaine à perte de vue, bornée par des montagnes couleur gris-bleu, le ciel se colore de teintes dorées, roses et azurées, car l'aube vient de poindre. Mais toute cette vaste étendue est aride et silencieuse : Au milieu de cette solitude s'élèvent quelques arbres autour d'un moulin à vent qui sert à pomper l'eau d'un puits voisin.

Tout près se trouve une chaumière entourée de verdure, car le désert y fleurit comme la rose. Pourquoi cela ? Simplement à cause de l'eau de ce puits ! Oui, seulement de l'eau, mais tout est là, aussi bien dans le monde spirituel que dans celui de la nature.

L'histoire de la vie de Sœur Eva est l'histoire d'une source, puis d'un ruisseau et ensuite d'une rivière profonde. C'est dans cette pensée qu'en traversant cette vaste plaine aujourd'hui nous en distinguons les commencements cachés, la Source secrète de ces eaux bienfaisantes qui coulent vers tous les pauvres et les déshérités de son pays et même plus loin. On ne peut s'empêcher de désirer que beaucoup connaissent cette histoire et puissent réaliser que ces mêmes sources sont ouvertes à *tous* puisque le fleuve de Dieu est plein d'eau. « Pourquoi souffrir de la soif quand Il nous dit : Venez à Moi et buvez de l'eau vive. » Pourquoi nos vies seraient-elles inutiles comme le sable du désert alors qu'Il peut les embellir et les rendre fertiles quelles que soient nos circonstances ?...

Qui aurait jamais pensé qu'une jeune fille, élevée austèrement dans la solitude d'un vieux château sur les confins de la Pologne, barricadée par les conventions et les traditions de l'époque et sans le moindre encouragement à vivre pour les autres, renverserait toutes les barrières élevées par l'esprit de caste et de race pour devenir une véritable mère pour des milliers d'enfants sans foyer, une aide pour les aveugles, pour les malades, pour les mourants, dirigeant avec courage et amour des centaines de collaboratrices et devenant par leur moyen une pionnière des missions en pays païens. Des milliers de convertis parmi les provinces de la Chine occidentale doivent aujourd'hui leur vie nouvelle en Christ, à ses prières et à son amour !

Des milliers d'enfants grandissent autour d'elle, tandis que des millions d'âmes, dans le monde entier, sont enrichies et fortifiées par son témoignage à la fidélité de *Dieu*. On peut dire que chaque vie est « une Histoire sans fin. » Mais la vie de Sœur Eva est comme

un fleuve qui coule toujours plus large et plus
profond !...

De l'eau jusqu'aux chevilles

Lorsque j'avais environ dix-sept ans,
écrit Sœur Eva en racontant ses premières
expériences, comme je me trouvais seule dans
ma petite chambre, il plut au Seigneur Jésus-
Christ de Se révéler subitement à moi d'une
façon si remarquable qu'en un instant je fus
changée en disciple de Christ, moi qui
n'avais aucune connaissance du salut ou de
la grâce. En même temps, Celui qui est
Amour inonda mon cœur d'un profond amour
pour les pauvres et les malheureux, tout en
me faisant vivement sentir les besoins de la
Haute-Silésie et ses droits sur ma vie. Etant
alors à Berlin je me mis à étudier, en secret,
le polonais, avec ma bonne, m'essayant à
écrire les mots d'après la prononciation allemande, et j'en fis un petit vocabulaire personnel.

Quand je rentrai dans notre maison en Silésie, ce double courant d'amour pour le
Sauveur et pour les pauvres et les malheureux de mon pays ne fit que grandir jusqu'à
me remplir d'une véritable passion. Mais les
circonstances ne me permettaient pas de traduire ces sentiments par des actes. Ma chère
mère était morte alors que je n'étais qu'une

enfant. Mon père, qui était d'une rare énergie et d'une grande force de caractère, nous tenait loin de tout contact avec le monde, derrière les murs du parc et de la cour. Mais les champs et les bois nous étaient ouverts, quoique le village et ses habitants nous fussent interdits. Comme mon cœur soupirait après ce monde inconnu, mais dont les besoins m'avaient été révélés ! Quand midi sonnait, à l'horloge de l'église, douze des plus pauvres et des plus âgés du village entraient dans la cour et se réunissaient dans la cuisine pour recevoir la soupe faite des restes du grand ménage. C'était pour moi le signal de descendre à la hâte pour rejoindre mes chers amis : pauvres veuves âgées, mendiants en haillons, boiteux, infirmes, aveugles, tous si affectueux envers la timide fillette qui désirait tant leur faire du bien !

Un jour que je trouvai un pauvre garçon déguenillé et affamé, sa misère m'alla au cœur. Je voulais lui procurer des habits et ce dont il avait besoin. En secret, dans ma chambrette, je me mis à découper un de mes costumes de jardin pour le transformer en habit de garçon, ce que je trouvai bien difficile, n'étant aidée de personne. De peur d'être découverte je n'osais demander ni aide ni conseils, mais hélas ! on s'aperçut de ce que j'avais fait et mon sort fut décidé. Tout me fut défendu : je ne devais plus descendre quand les cloches sonnaient ; plus distribuer le pain aux affamés, ni soigner et consoler le pauvre enfant désolé. Jamais de toute ma vie je n'ai souffert si amèrement et si profondément. La joie de mes jours m'était enlevée, et je fus plus solitaire et plus inutile qu'auparavant.

Mais le bon Berger n'avait pas abandonné sa pauvre brebis ; c'était Lui qui avait tout dirigé ainsi. Sa future servante avait besoin d'un temps d'attente et de soumission. Ce temps d'inaction ne put la séparer de Lui. Elle n'avait cependant aucune autre aide spirituelle que celle de l'Esprit de Dieu et des vieux sermons de Tauler, célèbre mystique du XIV° siècle. Ce fut une école de foi bien spéciale. Dieu m'apprit à me fier à Sa Parole uniquement. Je commençai à comprendre que rien ne Lui est impossible.

Au bout d'environ trois ans d'attente, mon père fut poussé spontanément à me donner la permission de commencer une œuvre de charité à la maison. Il est des joies qui ne peuvent s'exprimer que par des larmes ; ce fut mon cas. Une vie nouvelle commença pour moi et je parcourais le village, de maison en maison, un panier de médicaments dans une main et dans l'autre une cruche pleine de bouillie de gruau. Les malades et les pauvres m'accueillaient joyeusement. J'enseignai aussi à tricoter à un groupe d'enfants. Plusieurs d'entre eux étaient si pauvres qu'ils allaient à l'école sans déjeuner, n'ayant pour tout dîner que la fameuse soupe de notre cuisine. Cela me donna l'idée de leur préparer un repas chaque matin, avec l'assentiment de mon père.

Oui, dit-il, je te le permets ; mais à condition que tu pourvoies à tout avec ton argent de poche, et que tu le prépares toi-même. On ne doit pas faire la charité avec l'argent des autres.

J'ai peine à comprendre, maintenant, comment j'ai pu avec cinquante marks par mois, acheter mes robes, mes souliers, et le déjeuner de trente enfants, sans parler des médicaments et des vêtements nécessaires. etc. Comme j'appris à économiser chaque sou ! Ce fut une fameuse école. Je devais me lever à cinq heures pour que le gruau fût prêt à six. A ce moment, ces chers enfants arrivaient nu-pieds, légèrement vêtus, frissonnants par ces froides matinées d'automne. C'était dans un coin triste et sombre que nous nous réunissions, dans la cuisine de l'écurie à peine éclairée par une lanterne sourde.

Mais ils restaient tous gais, vifs et caressants comme le sont les enfants polonais. Et comme ils appréciaient leur déjeuner !

Par une froide matinée mon père y fit une soudaine apparition. Il contempla cette scène d'un œil bienveillant, et se rendant compte du peu de confort de ce lieu, il me conseilla de faire manger les enfants dans la cuisine du château.

La veille de Noël 1888 arriva. Dans la grande salle voûtée, le haut sapin étincelait de ses centaines de bougies. Et quand je me rendis à ma place, tout ce que je vis fut une grande feuille de papier avec le plan d'une maison. Mon père me dit : « C'est une maison pour tes pauvres gens, mon enfant. »

C'était là un exaucement de prière plus prompt que je n'aurais osé l'espérer. Mais une ombre vint assombrir ce tableau, quand mon père, en m'expliquant l'usage des différentes chambres, désigna la plus jolie, avec une fenêtre cintrée, comme devant être mon petit salon ainsi que le cabinet voisin, et me dit : « Voici ta chambre à coucher quand je m'absenterai. En général tu coucheras au château, et tu ne seras dans ta maison que pour la journée, comme *dame surintendante* ».

Une dame surintendante ! Ah ! ce n'était pas là mon ambition. Ce n'était pas non plus la pensée de Dieu pour son enfant. Etre une servante, une sœur, une mère pour ces pauvres abandonnés, c'était tout mon désir.

« Toutes choses sont possibles à Dieu », et c'est vers Lui que je me tournai, afin qu'Il changeât une seconde fois le cœur de mon père, mais je dus attendre en silence.

Lorsque les maçons et les charpentiers se mirent à l'œuvre, la mort commença aussi à faire la sienne !... Une terrible épidémie de scarlatine ravagea le district entier. Dans chaque maison et chaque chambre, les enfants souffraient et mouraient, et j'étais seule, jeune et sans expérience, pour les soigner et les encourager. Un jeune docteur nouvellement installé, le premier que nous eussions eu dans notre village, s'en alla avec sa femme et son enfant pour ne plus revenir. Une fois par semaine un docteur de la ville voisine venait nous donner des conseils et des directions. Mais il ne pouvait faire le tour des malades et des mourants ; il se bornait à nous signaler les nouveaux cas et à nous dire quelques mots, aux mères et à moi.

Je devais courir un peu partout, de l'aube à la nuit ; souvent, le soir, j'étais assise seule, triste et angoissée dans ce vaste château aux longs corridors et aux tourelles solitaires, après la longue journée, occupée à coudre un grand nombre de petits draps mortuaires pour les soixante-dix enfants qui moururent malgré mes soins. J'en avais plus de 200 à surveiller dans deux villages avec la seule aide

d'une brave jeune fille de mineur que j'avais
soignée autrefois. Je n'oublierai jamais ce
qu'elle fut pour moi au cours de ces mois de
travail et de peine. Que de fois, en rentrant
à la maison de nuit, son bras robuste me soutenait tandis que je marchais en dormant, me
confiant entièrement en elle. Après des semaines de pluies incessantes, au déclin de
l'automne, l'épidémie de scarlatine et de
diphtérie prit fin ; mais mes forces étaient
épuisées. Anéantie de corps et d'âme, je dus
quitter l'endroit pendant près d'une année et
passer par les grandes eaux. Dieu savait pourquoi et de quelle préparation sa servante avait
besoin. Il ne peut se servir que de roseaux
froissés.

A mesure que le jour de la Dédicace de ma
maison approchait, les gros nuages disparurent. Je lui donnai le nom de Friedenshort,
c'est-à-dire « Refuge de Paix ». Cette journée devait être celle de mon « mariage ».
C'est avec la joie d'une fiancée que je fis tous
les préparatifs de mon nouveau *Home*. C'est
dans la petite chapelle attenante que la congrégation protestante se réunit pour la première fois ce jour-là. Agenouillée devant l'autel, revêtue de la robe blanche des diaconesses, je fus consacrée comme « Mère » de la
maison et Servante des pauvres pour l'amour
de Jésus.

Dans une autre grande chambre, un festin était servi. On avait invité une centaine d'hommes et de femmes, parmi les plus pauvres, à un bon dîner. L'un des plus âgés se leva et dit au nom de tous que dès ce jour ils m'appelleraient « *Petite Mère* », selon le joli diminutif polonais. Mon cœur était plein de joie ! Il ne me restait plus qu'un désir, qu'une prière encore inexaucée. Quand vint le soir je dus quitter ma chère maison et rentrer chez mon père pour la nuit. Comme j'étais à table à l'heure du thé, les yeux de mon père s'arrêtant tendrement sur moi, il me dit tout d'un coup : « Eva, tu as l'air de désirer encore quelque chose ? » Alors je sautai à son cou en disant : Oh ! laissez-moi dormir dans ma maison ! Comment une mère peut-elle être heureuse si elle ne dort pas avec ses enfants ?...

Je n'oublierai jamais le long et doux regard de mon père lorsqu'il me dit, de son ton décidé : « Vas-y !.... »

Je quittai la table immédiatement pour m'enfuir dans ma chambre, où j'emportai dans mes deux bras de quoi faire mon lit là-bas, courant de toutes mes forces jusqu'à ma chère maison. Ma chambrette était à peine meublée ; à travers les fenêtres sans rideaux la pleine lune brillait. Je ne dormis pas la première nuit ; cette vie nouvelle était quelque chose de trop solennel, de trop sérieux, de trop grand ; elle ne fut certes pas facile, et du reste je ne m'y étais pas attendue. Le jour de la dédicace nous avions chanté un cantique de Zinzendorf avec ces paroles: « Aide-nous à ne jamais nous plaindre, même aux jours les plus difficiles. » Ce verset m'est resté gravé dans l'esprit. Non, ne jamais me plaindre ! Personne ne sait quel effort je dus faire pendant cette première année.

Je n'avais comme aides qu'une veuve catholique, pour la cuisine, et ma brave fille de mineur. Il y avait plusieurs bébés à soigner nuit et jour, ainsi que quelques vieilles femmes infirmes qui demandaient beaucoup de soins. Je devais surveiller mes aides, aller soigner des malades au village et m'occuper du ménage, du blanchissage et de la boulangerie. De plus, chaque après-midi, environ une centaine d'écoliers et d'écolières arrivaient pour faire leurs tâches ainsi que de la couture, du tricotage et de la sculpture sur bois. Cela seul me prenait trois heures par jour. C'était beaucoup pour mes faibles épaules, après des nuits blanches passées avec deux ou trois bébés dans ma chambrette. Je ne pouvais pas même me reposer un peu dans la journée. Je me souviens d'être montée un jour dans la mansarde, et d'être tombée dans un coin sur le plancher nu, n'ayant plus qu'un désir : *dormir sans être découverte !...*

Mon père m'avait alloué trois mille marks par an pour soutenir l'œuvre. Il voulut la restreindre en ne donnant plus autant, mais comment était-ce possible ? J'avais des devoirs pressants de tous côtés, et au bout de l'année, quarante enfants, jeunes filles et adultes couchaient dans la maison. De plus mes pauvres amis du village avaient aussi des droits sur moi.

Un jour mon père s'aperçut que je maigrissais de plus en plus, et il me demanda comment allait l'œuvre. Il eut peine à croire que nous avions pu, avec si peu d'argent, suffire à tant de besoins. Comprenant l'inutilité de ses efforts de restriction, il quadrupla la somme allouée et me permit même de bâtir deux autres maisons, une pour les femmes âgées et une pour les enfants. Peu à peu quelques jeunes filles, venant de divers endroits et certainement envoyées par Dieu, se joignirent à moi.

Ce fut le début de notre diaconat. Le temps passa, et petit à petit, on ne sait comment, Friedenshort vit le nombre de ses hôtes grandir en même temps que celui de ses maisons. Nous n'avions aucune idée arrêtée, aucun plan en vue de cette extension continuelle, mais à mesure que nous manquions de place, nous bâtissions une autre maison.

Lorsque j'eus atteint l'âge de vingt-quatre ans, mon père m'annonça que j'allais hériter de la fortune de ma mère. Je n'y étais pas préparée, n'ayant jamais eu la moindre idée que je serais riche un jour. On parlait rarement d'affaires financières dans notre famille ; nous étions élevées dans une grande simplicité et très séparées du monde. Cette nouvelle fut pour moi un terrible coup. Je me tenais, tête basse devant mon père, puis je m'enfuis dans ma chère petite chapelle, témoin silencieux de mes chagrins et de mes joies. J'y passai une heure d'angoisse, car tous les avertissements de la Parole de Dieu à propos des richesses me revenaient à la mémoire. Je sentais le grand danger et la tentation qu'il y a à posséder des biens terrestres. Ce mot de *riche, riche*, me semblait une condamnation. N'allais-je pas perdre la bonne part, et la joie d'être pauvre comme le Fils de l'Homme qui n'avait pas où reposer Sa tête ? Ce fut une lutte terrible. Je criai à Celui qui était mon seul refuge, pour qu'Il me sauvât du danger et de la malédiction d'être riche. Je Lui demandai de vider mes mains et mon cœur et d'employer cet argent comme Il le jugerait bon. Je ne voulais rien être de plus que sa petite servante, son intendante, et qu'Il m'aidât à administrer fidèlement Son bien, sans jamais le considérer comme m'appartenant. Alors la tempête s'apaisa et la paix de Dieu remplit mon cœur. Satan ne réussit pas à m'enlever le privilège de rester pauvre avec les pauvres, pour l'amour de Jésus !

De l'eau jusqu'aux genoux

Pendant bien des années les intérêts du capital consacré à Friedenshort suffirent aux besoins de l'œuvre. Mais à mesure que le nombre des maisons augmentait, il fallut pourvoir à la nourriture de centaines de malheureux et nous fûmes conduites à marcher par la foi. Dieu nous y amena peu à peu. En réponse à la prière, notre premier comité se retira, de sorte que je fus libre de choisir quelques amis prêts à partager avec moi la précieuse responsabilité de cette marche *par la foi.*

Avant ce pas décisif, il faut parler de la vague bénie de renouveau spirituel que Dieu dans sa miséricorde fit passer sur nos âmes altérées. C'est grâce au réveil gallois et à la Convention de Keswich en 1905, que Friedenshort fut visité par la présence de l'Esprit de Vie, et que son sol desséché et stérile commença à fleurir comme la rose. Le jour de la dédicace de la Maison des Sœurs, nommée

« Le Calme de Sion », fut un jour de
grande bénédiction. Je n'ai jamais été
témoin, ni avant ni après, d'une si puissante
manifestation du Saint-Esprit descendant sur
une grande assemblée. Ce fut un moment
inoubliable et riche en grâce et en bénédiction. Ce fut en même temps le commencement d'un développement inattendu de notre œuvre.

Au cours des années précédentes, une
quinzaine de Sœurs seulement s'étaient
jointes à nous. Mais à ce moment, il plut à
Dieu de réaliser à un degré remarquable la
bénédiction apostolique peinte en grandes lettres sur la muraille et qui était l'unique orne-
ment de notre nouvelle salle: I Thes: III. 12:
« Que le Seigneur augmente de plus en plus
parmi vous, et à l'égard de tous, cette charité que nous avons nous-même pour vous. »
Le nombre de ces nouvelles Sœurs nous éton-
nait d'autant plus que nous n'avions fait
aucun appel et que nous n'avions pas alors
de périodique pour donner des nouvelles de
l'œuvre. Cette année-là, vingt nouvelles
sœurs se joignirent à nous, et chaque année
leur nombre augmenta tellement que maintenant il y en a plus de 600 qui travaillent
avec nous dans plusieurs pays. En con-
tinuant cette vie de foi, il ne nous
était pas difficile de compter sur les promesses

divines pour subvenir à nos besoins. Les réponses à nos prières étaient des plus encourageantes. Mais après dix-huit mois de riches bénédictions, vint un temps d'épreuve, de tentation et de grande faiblesse, nécessaire, je pense, pour amener nos cœurs et nos esprits à un complet abandon et à une *entière* dépendance du Seigneur.

Après une année d'absence, je revins au moment d'une crise intense dans l'œuvre ; on m'annonça que nous avions un déficit de onze mille marks !... Ce fut le tournant du chemin. Je trouvai quelques âmes qui s'unirent à moi dans la prière pour obtenir cette somme avant la fin de Juin, afin de pouvoir commencer à nouveau, dès le 1er Juillet, notre marche de foi. Nous n'avions que six semaines pour trouver cet argent, et je n'avais pas la moindre idée d'où il pourrait venir. A cette époque nous recevions très rarement des dons ; c'est au contraire *de nous* que beaucoup en attendaient. Mais Dieu entendit notre cri de détresse et ce fut d'un endroit où nos prières et nos pressants besoins étaient ignorés que nous reçûmes seize mille marks juste à la fin de Juin. Cet argent arriva à temps pour nous permettre de régler tous les comptes au 30 Juin. Quand le dernier fut réglé, sœur Caroline, notre caissière, vint dans ma chambre pour rendre grâces à Dieu, tout en pleurant de joie avec moi. C'était en 1908. Dès lors nous n'avons plus jamais eu de déficit, par la grâce de Dieu.

Ce fut l'année suivante que sœur Eva, dans un voyage en Suisse, rencontra l'auteur de ces lignes, sœur Annie, à l'Institut Missionnaire de Chrischona, près de Bâle. J'avais à ce moment-là sur le cœur les millions d'âmes de la Chine occidentale dont si peu se préoccupaient. M. Adam, de la Mission Intérieure de Chine, y avait déjà commencé une œuvre dont les résultats étaient merveilleux, car des milliers de ces montagnards au cœur simple et chaud étaient venus à lui dans la ville qu'il habitait pour y recevoir une instruction évangélique. Sœur Eva fut émue à l'ouïe de l'enthousiasme, des difficultés et des souffrances qu'enduraient ces chinois pour apprendre à connaître la Parole de Dieu. Ils venaient à pied à travers leurs montagnes, réunis en groupes plus ou moins nombreux, n'emportant comme nourriture que du maïs rôti et moulu qu'ils mangeaient deux ou trois fois par jour. Ils dormaient à la belle étoile. Seuls les plus robustes parmi les jeunes pouvaient entreprendre un pareil voyage ; ils soupiraient pour avoir chez eux des missionnaires qui enseigneraient leurs femmes, leurs enfants et tous ceux qui ne pouvaient se déplacer. Quelle magnifique occasion d'évangéliser les différentes provinces de cette partie de la Chine, d'environ douze à quinze millions d'âmes ! Nous nous mîmes à prier à genoux avec larmes pour ces malheureux pendant une à deux heures par jour. Et la réponse ne tarda pas, car, le premier jour déjà, Sœur Eva prit ce fardeau sur son cœur. Son travail augmentait pourtant sans cesse, mais l'amour de Christ l'inonda à tel point qu'elle céda à cette impulsion divine : « il faut que je les amène ». L'émotion est dangereuse quand elle ne conduit pas à l'action. Mais Sœur Eva n'était pas seulement émue ; elle rentra à la maison pour chercher à comprendre la pensée du Seigneur, et agir en conséquence.

Des volontaires ne tardèrent pas à s'offrir pour la Chine, parmi les Sœurs de Friedenshort ; des jeunes filles dévouées, capables, prêtes à accepter les privations et les difficultés que présentait ce champ d'activité, avec la double tâche d'apprendre l'anglais et le chinois. Ce ne fut qu'au bout de trois ou quatre ans qu'elles furent prêtes à partir et que le chemin s'ouvrit clairement devant elles. Elles passèrent plusieurs mois à Londres, puis se joignirent à une équipe qui partait par la Sibérie ; elles arrivèrent à Shangaï comme associées de la Mission Intérieure de Chine.

Pendant ce temps les responsabilités de Sœur Eva, en Allemagne, s'étaient encore accrues. Elle n'apporta pas la mission de Chine comme excuse au Seigneur lorsqu'Il l'appela à une communion plus intime avec Lui-même pour la rendre plus capable de mieux secourir les malheureux de son pays. Elle écrivait : « Toutes nos maisons sont bondées, les bébés dorment dans des corbeilles et dans les baignoires, faute de lits ; nous n'avons pas le terrain nécessaire pour bâtir de nouvelles maisons ; (il y en a déjà vingt-quatre) et pas d'argent en main, ne vivant que par la foi d'une semaine à l'autre. » Telles étaient nos circonstances lorsque le Seigneur dans sa grâce, déposa sur mon cœur un nouveau fardeau, à savoir la misère des enfants que j'avais constamment sous les yeux. Entre Noël 1909 et le Jour de l'an 1910, ce poids devint si écrasant que je ne pus le supporter. Je criais sans cesse à Dieu, qui me répondit : « *Un Home pour les Sans-Foyer !* » Je compris alors que Dieu allait prendre l'affaire en main et le calme revint dans mon cœur. Plusieurs sœurs se joignirent à moi chaque jour pour la prière, et Dieu m'inspira un poème dont Il se servit les mois suivants pour exaucer mes prières.

Quand je reçus l'ordre divin d'ouvrir un Home pour les « Sans famille », notre caisse était complètement vide. Je n'avais moi-même rien à moi, de sorte que je n'avais pour me secourir que le Dieu de l'Impossible et Les promesses de Sa Parole. Bientôt je trouvai sur ma table cinq marks destinés à l'œuvre des enfants. Ce fut le capital avec lequel je commençai. Je le plaçai sur une chaise devant laquelle je m'agenouillai et je l'offris à Dieu, notre Sauveur, en Lui rappelant comment Il avait nourri les cinq mille avec deux pains ; je Lui demandai de multiplier ces cinq marks par mille. Il y consentit et je l'en bénis. Dès ce jour les dons commencèrent à affluer. Nous eûmes bientôt mille marks. Dans une visite à une sœur mariée, je lus la vie du Dr Barnardo de Londres, avec un vif intérêt, et quand j'arrivai à la page où il raconte qu'un château lui fut donné pour loger ses bébés, je dis à ma sœur : « Dieu ne peut-Il pas répéter ce miracle et nous donner un Home ? ».

Elle me répondit: « Pourquoi pas? Prions tout de suite ». C'est ce que nous fîmes. Environ quatre semaines après, un ami me fit cadeau d'un magnifique manoir entouré de beaux parcs et admirablement situé, dans le voisinage de Breslau, où j'avais senti dès le commencement que notre nouveau Home devrait s'ouvrir.

Le six juin 1910 arrivèrent les trente premiers enfants. Ce fut par une journée ensoleillée que la maison fut consacrée à Dieu qui en prit possession en y manifestant Sa Présence. Nous avions près de mille marks en main pour commencer, après avoir dépensé le reste pour l'ameublement. Le jour arriva bientôt où nous dûmes dépenser notre dernier sou, mais ce fut aussi le premier jour où nous fîmes la grande expérience que Dieu connaît tous les besoins de ses enfants, car ce jour-là, comme tant d'autres ensuite, la somme exacte qui nous était nécessaire arriva, de sorte que chacun de nos besoins ne fit que donner à Dieu l'occasion de nous secourir et de nous bénir d'une façon merveilleuse.

De l'eau jusqu'aux reins

Dix ans se sont écoulés. Notre première maison de « Warteberg » a vu se succéder plus de quarante Homes pour les Sans-Foyer, dans plusieurs parties de l'Allemagne et de la Pologne. Nous avons reçu pour l'œuvre des petits cottages, des maisons, des villas et même des châteaux. Plus de deux mille enfants y ont été reçus. Beaucoup d'entre eux gagnent maintenant leur vie et restent en affectueuse relation avec nous. Nous en avons en ce moment mille trois cent vingt. Quoique les circonstances de ces Homes puissent être différentes, une chose leur est commune à tous —

une atmosphère de joie, de paix, d'amour et de prière. Les enfants sont heureux, après être arrivés tristes et misérables. Ils ne tardent pas à récupérer leurs forces physiques et morales et à trouver dans l'amour de leurs « petites Mères » et de leurs frères et sœurs tout ce dont leurs jeunes cœurs ont besoin pour être satisfaits. Chaque Sœur a la surveillance de quinze enfants ; elle soigne les plus jeunes, elle instruit les fillettes et les garçons ; elle s'occupe de tous leurs besoins ; elle va avec eux chercher du bois à la forêt, elle travaille aux champs, tient la maison en ordre, fait les repas et rend les soirées aussi attrayantes que possible, sans oublier les soins spirituels à donner à ces chers enfants.

C'est sur elle que repose toute la responsabilité du Home : Il faut donc qu'elle ait une foi réelle et complète. Ses prières jointes à celles des enfants ouvrent les portes du ciel d'où tous attendent le pain quotidien et la bénédiction spirituelle. Elle n'a pas à rendre compte à un Comité local, mais à Dieu seul et à la maison-mère de Friedenshort, où toutes les joies et toutes les peines de chaque « Home » trouvent un écho dans la prière, l'action de grâce, l'aide et les conseils.

La « Petite Mère » — c'est le nom donné à chaque Sœur chargée de quinze enfants — est secondée par une jeune sœur appelée « Tante », et une autre aide. Dans les grandes maisons on réunit plusieurs familles, mais en leur conservant le caractère de vraie vie de famille. Presque chaque groupe possède un bébé qui fait la joie de tous. La « Petite Mère » dort avec le plus jeune et Dieu seul sait combien de fois elle se relève pour soigner son bébé, et combien de nuits blanches elle passe auprès du lit de l'un ou l'autre de ses chéris. Il va sans dire que tous prennent leurs repas ensemble à la même table. Que de fois elle retourne son petit porte-monnaie quand la caisse est vide et qu'on a besoin de quelque chose. Mais le Père Céleste qui voit ce qui se passe en secret et qui sait tout n'abandonne jamais l'enfant qui se confie en Lui. C'est ce que dix années nous ont prouvé soit à Friedenshort, soit dans les nombreux foyers dispersés auprès et au loin. Même les années de guerre, de révolution et de famine n'ont fait que confirmer cette expérience. Il y a eu des temps difficiles ; il y a eu des besoins urgents ; mais le secours est toujours venu à point, et il n'est peut-être pas d'endroit sur la terre où il y ait tant d'occasions de faire monter à Dieu d'ardentes actions de grâce qu'à Friedenshort et dans les foyers pour Sans-Famille.

Malgré l'importance prise par cette œuvre, c'est en Chine qu'un de ses plus grands développements spirituels s'est produit. Les Sœurs qui s'y rendirent à l'automne de 1912 revinrent pour leurs premières vacances et retournèrent à leurs postes accompagnées de cinq nouvelles Sœurs. M. Gowman de la Mission Intérieure de Chine, dont la station se trouve à six journées de voyage au nord de la leur, ne peut assez bénir Dieu à ce sujet. « Beaucoup, » écrivait-il en mars 1928, « étaient extrêmement sceptiques quant au travail des Sœurs en pays chinois, mais l'œuvre qu'elles ont accomplie pendant ces dix années a eu un glorieux succès, et démontré la possibilité d'un service de ce genre. Elles ont pu atteindre une demi-douzaine de tribus Miao ainsi qu'un bon nombre de « I-chia » où elles ont fondé une communauté de 2.000 communiants baptisés. »

« Le travail parmi les gens de notre district, dit-il, a débuté lorsqu'ils entendirent parler de l'œuvre de l'Evangile dans la station des Sœurs à Ta-ting et que beaucoup firent le long voyage de cinq jours à travers les montagnes pour s'y rendre. Grâce à ce travail spirituel, M. Herbert trouva ici, il y a deux ans, un noyau de chrétiens. La bénédiction s'est tellement étendue que nous avons maintenant plus de mille familles enrôlées sous le drapeau de Christ. »

Il est facile de lire ces lignes mais impossible de saisir ce qu'elles représentent. Nous avons eu le privilège de visiter le Friedenshort de Chine alors que les Sœurs n'y étaient que depuis six ans. Il faudrait un volume pour raconter ce que nous y avons vu, et ce volume serait d'un intérêt passionnant, car le Seigneur leur a ouvert une grande porte de Foi depuis leur arrivée à Ta-ting (dans la province de Kwei-chow), au milieu d'une tribu qui paraît avoir du sang juif. C'est une des plus grandes et des plus fortes tribus de cette partie de la Chine, et la seule qui soit venue de l'Ouest. Ses traditions remontent plus haut que le Déluge. Ils emploient pour dire *père* le terme « *abba* » et c'était frappant d'entendre les enfants dans la rue appeler leur père de ce nom.

Des centaines de ces I-Chias se sont convertis depuis l'arrivée des Sœurs à Ta-ting, et leurs chefs nous ont appris bien des choses sur leurs coutumes et leurs idées religieuses. Il y a parmi eux une tribu de prêtres et une famille de Grands-Sacrificateurs. Ils n'adorent pas les idoles mais offrent des sacrifices pour la rémission des péchés *par le sang*. Ils adorent les démons et célèbrent des rites religieux en l'honneur de leurs parents décédés, ce qui est vraiment remarquable. Quand le père et la mère sont tous les deux morts, leurs descendants bâtissent un petit sanctuaire où ils offrent des sacrifices pour délivrer leur âme des tourments de l'enfer. Ce petit tabernacle est fait de branches de sapin et entouré d'une cour où les étrangers n'ont pas le droit d'entrer. Il est divisé en deux parties dont l'une est Sainte et l'autre Très-Sainte. Seuls les proches parents peuvent entrer dans le « Lieu Saint », mais personne n'entre dans le « Lieu Très-Saint ». C'est là que les esprits des disparus, enfermés dans des tubes de bambou sont censés demeurer, seuls avec le Grand Esprit. On leur offre des sacrifices en dehors de ce qu'ils appellent *le Voile* : des sacrifices pour le *péché* et d'autres de « *propitiation* ». On asperge les tubes de bambou avec le sang des sacrifices pour le péché, dans le Lieu Très-Saint, après quoi les âmes des disparus sont en paix. Ces cérémonies durent sept jours, mais autrefois elles duraient quarante-neuf jours. Ce qui est encore plus remarquable, c'est le type juif qu'on rencontre dans cette tribu. Ses membres n'ont pas les pommettes saillantes comme les autres tribus chinoises ; ils ont de grands yeux noirs, le visage ovale et même le nez en bec d'aigle, ce qui prouve leur origine israélite.

La place nous manque pour raconter la manière merveilleuse dont les Sœurs furent conduites à s'établir dans l'ancienne capitale de leur pays et où leurs rois avaient résidé depuis des siècles. Il faudrait raconter comment le premier I-chias qui fut converti sut les trouver, ce que furent ses premières impressions, surtout en lisant la Bible, et comment il devint le premier évangéliste de son peuple. A son baptême, il prit le nom d'Abraham, son père celui de Térach, sa femme celui de Sara, son fils s'appela Isaac et sa belle-fille Rébecca.

Il était beau d'assister à une conférence où des centaines de ces chrétiens se réunissaient avec des centaines de Miao. C'était émouvant d'entendre leurs chants, leurs témoignages, leurs récits de la grâce de Dieu et de Sa puissance pour sauver. Il était réjouissant de voir leurs écoles, l'orphelinat, le dispensaire, les salles de lecture et enfin l'Ecole des Prophètes où l'on prépare des évangélistes. Mais le plus émouvant était encore d'entendre la prédication et les prières du cher Abraham et de Li Jean, l'évangéliste Miao. Tous deux sont des hommes de Dieu, très aimés de tous. « Ce que ce vieillard dit est vrai, disait un étranger, en parlant d'Abraham, et le grand Dieu écoute ses prières. »

Pendant les quelques années du séjour des Sœurs à Tating, *plus de neuf cents convertis ont été baptisés*. Mais ce n'est pas tout: La Bonne Nouvelle ayant pénétré jusqu'au cœur

des montagnes, des groupes de « chercheurs »
vinrent d'une distance de six jours de marche
pour demander à être instruits concernant le
chemin du salut. Les uns ne firent le voyage
qu'une fois, mais d'autres plusieurs fois, jusqu'à ce qu'étant devenus de vrais chrétiens,
ils fussent reçus dans l'église par le baptême.
Leur prière instante était toujours celle-ci :
« Ne voulez-vous pas venir avec nous dans
nos montagnes pour instruire notre tribu ? Il
y en a tant qui ne peuvent pas faire un si
long voyage, et qui voudraient connaître
Jésus ? »

Il était dur de ne pouvoir répondre à leur
supplication, mais les Sœurs ne pouvaient quitter leur vaste champ de travail. Enfin après avoir attendu un an ou
deux, quelques convertis entendirent parler
d'un missionnaire venu du nord, de l'autre
côté de la montagne, à une journée de chemin. Ils s'empressèrent d'aller lui présenter
leur supplique à la station annexe où il se
trouvait.

Leur déception fut profonde quand ils apprirent, au bout de quelques jours passés
avec le missionnaire, que celui-ci ne pourrait
les accompagner chez eux. Il était débordé
de travail dans son vaste district. Il leur expliqua que tout son temps et toutes ses forces
étaient consacrés à cette œuvre.

Un an ou deux plus tard ces chers amis revinrent, ayant appris qu'un autre étranger était dans la ville, à un ou deux jours de marche. Cette fois ils trouvèrent un missionnaire venu dans l'intention de les visiter et qui les accompagna dans leurs montagnes. Mais quel ne fut pas son étonnement quand il apprit que *durant trois ans* une centaine de familles s'étaient réunies chaque soir pour adorer Dieu. Ils ne connaissaient presque rien, et peu d'entre eux savaient lire, mais ils avaient continué ce culte du soir, en petits groupes, espérant toujours qu'il viendrait bientôt un missionnaire à leur secours. M. Gowman a rejoint M. Herbert dans ce champ de travail ; il nous écrit que cinq à six mille âmes ont renoncé au culte des démons et demandent à être instruites et baptisées comme « croyants ».

La bénédiction s'étend tellement que les Sœurs se réjouissent de s'établir dans un nouveau centre, l'importante ville de Pi-chieh, déjà occupée par trois Sœurs, où beaucoup d'âmes s'enquièrent maintenant du salut. Nous avons des volontaires qui ne demandent qu'à y aller, de jeunes sœurs préparées ici à Friedenshort et ayant le même esprit d'amour et de spiritualité.

Et à présent revenons à notre travail en Silésie où Dieu répond aux prières de ses enfants d'une façon admirable. Nous laisserons Sœur Annie continuer sa narration.

Maison des Diaconesses, Friedenshort
Miechowitz (Haute-Silésie)
Janvier 1923.

Mes chers Amis,

Cette lettre ne peut être qu'un chant de louange à Celui qui fait des prodiges. Nous venons de terminer une année *vraiment réjouissante*, où Dieu s'est révélé comme le Seigneur qui domine en Roi sur les fleuves. Oui, des flots de difficultés se sont élevés contre nous dans le dernier trimestre de 1922, mais la main royale de notre Dieu les a glorieusement dominés, de telle façon que nous avons pu traverser ces longues semaines avec la joyeuse confiance d'enfants qui savent que « notre Père tient le gouvernail. »

Ma dernière lettre date du mois d'octobre. En novembre nous eûmes subitement la conviction que nous étions arrivées à un tournant où il nous faudrait des *millions* de marks, au lieu de *milliers* comme auparavant. Je ne crois pas qu'aucune de nous puisse jamais oublier ce mois de novembre 1922. Ce fut le premier mois où des millions nous furent nécessaires, et nous les reçûmes. Une lettre arriva d'An-

gleterre, nous annonçant que 110 livres sterling (2.750 francs) étaient à notre disposition, c'est-à-dire plus de trois millions de
marks au cours du jour. D'autres dons af-
fluèrent : la Croix Rouge suédoise nous envoya un million, divers amis de Suisse, d'A-
mérique, de Suède, de Bruxelles, de Palestine et d'Angleterre nous envoyèrent des chè-
ques et des billets, de sorte que nous eûmes
la pensée réconfortante de pouvoir garder la
première somme mentionnée comme *réserve*
pour la fin de l'année. Mais Dieu qui
sait quel poids mort peut devenir un « fonds
de réserve », quand on marche « par la foi »,
nous mit subitement en face de grandes dépenses inattendues pour un de nos Homes, de
sorte que ce fonds de réserve disparut rapidement et que nous pensâmes devoir entrer
dans la nouvelle année les mains vides. Ce fut
une sévère épreuve pour notre foi, je dois
l'avouer, et pourtant Dieu garda nos cœurs
dans sa paix, nos yeux fixés sur Lui ; mais
nous nous demandions quelles nouvelles sources le Dieu d'Elie ouvrirait sous nos pas...

En novembre, nous eûmes une nouvelle
inquiétude, car la santé de Sœur Eva (qui est
toujours délicate) se ressentit de ses
excès de travail. Elle a le cœur faible.
Nous la soignâmes et elle retrouva le sommeil qu'elle avait perdu, mais nous compri-

mes toutes qu'elle avait besoin d'un long temps de repos dans quelque tranquille retraite où elle pût être « incognito » afin d'éviter toute correspondance. De bons amis qui habitent la Suisse, la reçurent joyeusement vers le milieu de décembre, accompagnée d'une des Sœurs. Ce fut naturellement une grande perte pour nous toutes de devoir nous passer de Sœur Eva pour Noël, et j'eus un peu pitié de moi-même qui, comme tante, devais la remplacer. Qu'elle soit mère ou tante, celle qui doit diriger une institution comme la nôtre au moment des Fêtes, ne mange pas un pain de paresse. Mais malgré son grand travail, elle a le cœur joyeux, débordant. Dieu ouvrait sa main de Père pour répandre ses bénédictions sur nous. Le contact entre le Visible et l'Invisible était tellement réel. Je me souviens en particulier d'une certaine journée dont l'impression m'est restée *sacrée*. C'était peu avant Noël, et parmi les lettres il en était arrivé une d'Amérique contenant un chèque de 111 livres sterling (2.775 francs). Représentez-vous mon émotion: cette somme était à peu près celle que nous avions voulu garder comme *réserve*, et que nous avions dû employer pour un de nos Homes. Maintenant que Friedenshort était dans le besoin, la main du Père nous la *rendait* ! Elle nous venait d'un ami parfaitement inconnu, cette fois, et qui ne connaissait notre œuvre que depuis quelques jours. Et, chose remarquable, elle nous arriva par la même banque que la première somme. Le Dieu *puissant* qui s'abaisse à regarder les pauvres humains, non seulement compte les cheveux de leur tête, mais encore l'argent dans leur porte-monnaie; Il sait de quoi nous avons besoin.

Mais ce n'est pas tout ; cet ami inconnu dont Dieu avait touché le cœur, avait aussi entendu parler de nos Sœurs en Chine. Deux d'entre elles avaient grand besoin d'un congé ; il le savait et leur envoya 500 dollars à Shangaï, si bien qu'elles purent se rendre en Amérique où elles furent reçues cordialement. Vous ne vous étonnerez plus de notre émotion, n'est-ce pas ? Quoique Sœur Eva ne dût pas recevoir de lettres dans sa retraite, je n'ai pu m'empêcher de lui envoyer ces bonnes nouvelles.

Ensuite arriva une autre lettre. En avez-vous entendu parler ? C'était au moment de l'insurrection de Korfauti de Pologne. Nous ne pouvions plus recevoir de vivres et nous avions 400 bouches à nourrir. Nos provisions étaient minimes : deux sacs de riz et quelques livres d'autres choses ; nous avions employé notre reste de farine à pétrir du pain, et notre bou-

langer, avec l'aide de deux jeunes gens, s'é-
tait mis à cueillir du tilleul pour remplacer
le thé. Le courrier n'arrivait plus et l'argent
nous aurait été inutile, enfermées comme nous
l'étions dans un pays stérile.

Bref, le moment vint où je dus envoyer un
des sacs de riz à la cuisine pour le déjeuner,
et, les larmes aux yeux, la Sœur cuisinière
s'écria : « Nous n'aurons bientôt plus rien !...»

Tout ce que nous pûmes lui répondre fut:
« Nous devons nous confier au Dieu d'Elie,
qui connaît nos circonstances et pourrait
nous nourrir par des corbeaux s'il le fallait. »
Peu de temps après, une auto arriva bruyam-
ment dans la cour, avec le drapeau américain, et une voix nous cria gaiement: « Sœurs,
avez-vous de quoi manger ? » Deux étudiants américains avaient visité la Suède et
entendu parler des insurrections de la Haute-
Silésie, de sorte qu'ils venaient voir à quoi
nous en étions. Ils venaient nous secourir
si la chose était nécessaire. Ils passèrent la journée avec nous et nous procurè-
rent les provisions nécessaires. C'est pourquoi nous les baptisâmes du nom de « Corbeaux ». L'un d'eux nous envoya à Noël 20
dollars ainsi que les photographies qu'il
avait prises chez nous. J'ai pensé que cette
histoire intéresserait ceux d'entre vous qui
ne la connaissent pas.

Puis nous reçûmes une quantité de paquets de Noël qu'il fallut partager entre les différentes maisons. Longtemps avant que je fusse arrivée au bout de ma tâche — bien agréable du reste — une Sœur me présenta une chaise en disant : « Je vous en prie, asseyez-vous donc, vous ne tenez plus debout ». Mais je ne pensais qu'à la joie d'avoir tant de cadeaux à distribuer. Presque toutes les *Etoiles* s'étaient souvenues de leurs petits protégés et avaient envoyé des paquets ou de l'argent. Des amis avaient même pensé à nous, les Sœurs. Nos fournisseurs avaient envoyé toute une provision de chocolat, de noix et d'autres bonnes choses, avec cette remarque: « non pas pour les enfants mais pour les *Sœurs.* »

Une chère amie d'Amérique envoya un chèque avec lequel nous pûmes acheter du beurre. Ce fut un régal pour tout le monde et non pas seulement pour les malades.

Impossible d'énumérer tous les cadeaux reçus et qui nous venaient directement du Père Céleste. Une amie de Singapore pensa à nous et des dons nous arrivèrent de Monte-Video, du Chili, de Nicaragua et des Indes. Humainement parlant, nous ne comprenons pas comment on nous connait ainsi au loin, mais en regardant *En Haut* nous comprenons que Celui qui connait tous les cœurs nous envoie Ses dons tantôt par les uns, tantôt par les autres, afin que nous ne dépendions pas de nos donateurs les plus chers, mais uniquement du Dieu toujours fidèle, le même qui ordonna à la veuve de Sarepta de nourrir Elie.

Nos enfants s'amusèrent royalement. Nos petites « Gouttes de Rosée » dont j'ai envoyé la photographie à quelques-uns d'entre vous, sont les plus chers « incorrigibles » qu'on puisse imaginer. Ils occupent la même maison que moi, c'est-à-dire que leur grande chambre est en haut et la mienne en bas, et parfois je ne m'aperçois que trop qu'ils sont au-dessus de ma tête. C'est drôle qu'on me rende responsable de toutes leurs farces et de toutes leurs espiègleries, car ils ont tous leur « Petite Mère » à eux. Sœur Eva prétend que je me fais une gloire de leurs ruses et malices et le pasteur lui-même vient se plaindre à moi du bruit qu'ils font à l'école du Dimanche. Ils sont partout où ils ne devraient pas être, dit-il, s'imaginant sans doute que tout le monde est enchanté de les voir. Ils acceptent les reproches avec un superbe sang-froid.

Un beau jour ils avaient entrepris de « visiter les malades » à l'Infirmerie, attirés sans doute par l'espoir de recevoir des bonbons ou des biscuits. Ils fourrent leur nez partout, grimpent sur tous les murs et sur tous les arbres. Parfois c'est en tremblant qu'on les aperçoit perchés sur des endroits dangereux. L'un d'eux, une petite fille, Lisel, vint l'autre jour envahir mon bureau des « Etoiles », quoique j'eusse mis sur la porte « Prière de ne pas me déranger ». Je lui dis : « Sais-tu lire ? » — Oui, dit-elle en riant. — Qu'y a-t-il sur la porte ? « Prière de ne pas me déranger ». — « Eh bien, il faut obéir ». C'est la même Lisel qui, toute petite se distingua un jour à l'école du dimanche en répondant à une question du pasteur. Il demandait aux enfants où Moïse avait passé les 40 *premières années de sa vie*. Lisel seule leva la main. « Eh bien, Lisel, le sais-tu ? » — « Oui, sa mère l'a soigné dans une boîte ». La gravité du pasteur luthérien se transforma en un franc éclat de rire et l'enfant fut bien étonnée de se voir l'objet d'un éclat de rire unanime. C'était en tous cas une nouvelle version du berceau de roseaux.

En terminant, j'aimerais demander à nos amis qui prient pour nous, de se souvenir en ce moment de Sœur Eva, car sa santé nous a un peu inquiétées et nous sommes heureuses qu'elle ait accepté de prendre un repos si nécessaire. Nous apprenons avec joie qu'elle est déjà plus forte, mais elle a tant d'énergie qu'elle me fait toujours penser à une épée tranchante dans un fragile fourreau. Elle est sans pitié pour ce fourreau. Elle a pourtant retrouvé le sommeil, et limité au strict nécessaire l'effort de sa pensée. Nous avons imaginé de ne *rien* lui communiquer, pas même les plus simples informations, nous bornant à répondre à ses questions.

Nous espérons que maintenant le changement d'air et de milieu feront le reste. Son cerveau travaille même vigoureusement à en juger par la liste de questions qu'elle m'a envoyée il y a quelques jours. Les réponses sont plus faciles à donner par écrit qu'autrement, car nous évitons ainsi les sujets trop inquiétants, les questions trop brûlantes, qui pourraient la troubler. La grande affaire est qu'elle se repose complètement pour le moment. Maintenant que le calme a succédé aux fatigues de Noël, j'espère la rejoindre pour un court séjour, et après avoir visité quelques amis en Suisse, nous comptons revenir avec des forces renouvelées pour reprendre notre travail ici.

Quelques amis et connaissances plus éloignés, recevront cette lettre, et je voudrais les prier d'excuser ce style familier. J'avais d'abord destiné ces lignes à un cercle plus limité d'amis intimes, mais d'autres qui s'intéressent à l'œuvre ont aussi désiré rece-

voir de temps en temps de nos nouvelles, de
sorte que nous avons élargi ce cercle.

Mai, 1923.

Mes chers Amis,

Il y a longtemps que je vous ai envoyé notre dernière circulaire ; et il paraît que vous
vous en êtes déjà aperçus, car on m'a fait
savoir que c'était le moment de recommen-
cer ces causeries familières. La dernière date
du mois de janvier et nous voici en mai. Que
de choses dans cet intervalle ! En regardant
en arrière, il me semble voir un Kaléïdos-
cope, aux voyantes couleurs et aux formes
changeantes, et pourtant, au-dessus de ces
formes et de ces couleurs changeantes, c'est
la bleue de la fidélité de Dieu qui domine.

Si je vous racontais toutes les circonstances
où nous avons expérimenté ce fidèle amour,
ce serait peut-être un peu monotone pour
vous, quoique toujours nouveau pour nous.
Chaque nouvelle expérience de Sa bonté pa-
ternelle et de Ses soins, vient si directement
de Sa main à notre cœur, que cela illumine
chaque histoire, chaque expérience d'un rayon
doré.

Par où commencer ? Le premier évènement
est ce merveilleux voyage en Suisse que nous
avons pu faire grâce à des cœurs chauds et
des mains amies.

Sœur Eva et moi étions toutes deux bien

fatiguées, je dois l'avouer et dans ma dernière lettre je vous disais combien elle souffrait du cœur. Nous devons la surveiller à cet égard, car ni la douceur, ni la sévérité ne peuvent la décider à se ménager, et si son moral est solide, son cœur physique ne l'est pas... Vers le milieu de décembre elle se rendit chez de chers amis qui habitent près du lac de Constance. En janvier, je la rejoignis. C'était ma première visite en Suisse à cette saison. Si j'admire la beauté de sa parure d'été, je dois dire que sa gloire hivernale surpasse toute attente. C'est un pays enchanteur, où tout respire une solennelle majesté! Les lumières et les ombres du beau canton de Glaris sont incomparables. Un de ses avantages c'est qu'il échappe à l'invasion des touristes de sorte qu'on peut y jouir de la solitude. Nous y passâmes une quinzaine chez notre chère amie maternelle, Mme Frôhlich, après quoi nous fûmes invitées dans la région des lacs italiens. C'était au commencement du printemps, la campagne était couverte de belles primevères.

De là nous sommes retournées à Sainte Chrischona. C'est là qu'habite la vénérable Mme Rappard, fille de l'ancien évêque Gobat de Jérusalem. Cette femme est une vraie mère en Israël; malgré son grand âge, elle s'intéresse activement encore à tout ce qui concerne le Royaume de Dieu.

Puis nous allâmes à Zurich; là un fidèle ami de notre œuvre nous attendait. C'est un pasteur âgé d'une des églises libres de la ville. Nous passâmes de belles heures dans sa famille, et nous pûmes visiter un Asile pour Sourds-Muets. Cette visite nous laisse un touchant souvenir. Ces braves gens nous remirent des cadeaux pour nos enfants, de sorte que nous pûmes expédier de là un gros paquet à Friedenshort.

Nous partîmes ensuite pour Schaffhouse où nous fîmes la connaissance de nouveaux amis de notre œuvre. En nous envoyant un don à Noël, ils nous avaient invitées à les visiter, si nous venions en Suisse. Ce sont deux époux très unis entre eux et non moins unis au Seigneur. Ils nous laissent l'impression de deux saints. Ils sont les propriétaires d'une de ces anciennes maisons de commerce dans lesquelles on cherche premièrement le royaume de Dieu et sa justice. Dans toutes leurs relations d'affaires ils obéissent à ce commandement. Même les voyages du mari, pour son commerce, servent à glorifier Dieu.

Souvent, de grand matin, il se réveille avec la conviction qu'il doit se rendre dans telle ou telle ville et il part avec son sac d'échantillons; mais toujours il se trouve qu'il a une mission à remplir pour le Seigneur. Un jour il nous disait avec une nuance de regret: « Il donne du sommeil à ses bien-aimés, mais je suis parfois tenté de trouver la mesure un peu courte... » En voyant son zèle et son esprit de renoncement, je ne pus m'empêcher de lui dire un jour: « Frère Josué, je crains que vous arriviez au ciel avant que votre place ne soit prête ». Il eut l'air un peu étonné. Il resta silencieux pendant quelques minutes, puis il me dit: « Sœur Annie, merci, je m'en souviendrai. » Sa petite femme posant sa main sur la mienne ajouta: « Oh! comme je vous remercie pour ces paroles! comme je serais reconnaissante que mon mari y pense quelquefois. »

Il doit être dur pour une épouse affectueuse de voir son mari se tuer à la tâche.

Le dernier soir, cette chère amie nous conduisit au magasin, après sa fermeture, et insista pour nous faire accepter tout un trousseau de beaux et bons vêtements. Comme je protestais en constatant la qualité supérieure de toutes ces étoffes, elle me répondit tranquillement: « Si le Seigneur Jésus était encore sur la terre, ne Lui offririons-nous pas ce que nous avons de meilleur? Pourquoi n'agirions-nous pas de même à l'égard de ses servantes? » A ce moment son mari arriva de l'arrière magasin, les mains remplies de deux boîtes de fins mouchoirs de poche qu'il nous offrit timidement. Ils firent tout cela si simplement que nous ne pûmes qu'accepter ces cadeaux dans le même esprit qu'ils nous étaient offerts. Le jour de notre arrivée, le mari nous avait déjà remis une enveloppe contenant 500 francs pour notre Œuvre.

Ces amis accomplissent dans leur demeure une œuvre bénie. Non seulement ils ont adopté un pauvre enfant, mais encore deux invalides qu'il faut soigner nuit et jour. Ils ont une garde pour la nuit, mais pendant la journée, ils sont seuls à s'occuper de l'enfant et des deux invalides. Et tout ce travail se fait dans la paix et l'amour. Ils avaient encore l'intention d'adopter deux ou trois enfants pauvres dont on leur avait parlé.

Le jour de notre départ, ils nous comblèrent de provisions pour le voyage. Le frère Josué nous accompagna jusqu'à la frontière. Après lui avoir dit adieu, tandis que le train nous emportait rapidement, nous repassions, le cœur ému, le souvenir des belles semaines que nous avions eu le privilège de passer dans cette chère Suisse et dans ces foyers si hospitaliers. En pensant à toutes les bontés dont nous avons été les objets, nos yeux se mouillaient de larmes et nos cœurs s'écriaient: « Dieu les bénisse ! »

Un souvenir très « précieux » de ce voyage

en Suisse est constamment devant nos yeux sous la forme de deux beaux chevaux dont nous avions grand besoin, les nôtres étaient arrivés à un âge où c'était presque de la cruauté de nous en servir encore. Et nous, depuis quelque temps, avions fait de cet achat un sujet de prière. Nous avions absolument besoin de deux chevaux pour les courses indispensables: il fallait aller chercher tout notre charbon directement à la mine, et toutes les provisions pour 400 personnes à la ville voisine. En hiver nous brûlions une énorme quantité de charbon, ayant 20 maisons à chauffer. En arrivant en Suisse au milieu de janvier, Sœur Eva me dit: « Je crois que Dieu commence à nous donner l'argent nécessaire pour l'achat de ces chevaux ». Et en effet, des dons nous arrivaient d'amis qui s'intéressaient vivement à notre Friedenshort, de sorte que nous pûmes mettre de côté une somme dans ce but, tout en ayant la joie d'envoyer un chèque à chacun de nos « Homes ».

Pendant notre voyage de retour, nous visitâmes des amis à Stuttgart et à Liebenzell. C'était l'anniversaire du directeur de l'Institut missionnaire de cette dernière ville. A cette occasion, des sommes importantes furent données par les étudiants à leur directeur, M. Koerper. Malgré cela de nombreux

dons nous furent remis pour « nos enfants »,
comme partout où nous allâmes. Cet amour
fraternel de la famille de Dieu est si beau !
A Dresde nous eûmes une grande réunion de
nos « Etoiles » et passâmes ensemble une
heure bénie. Enfin nous reprîmes le chemin
du foyer. Il en était grand temps, car Sœur
Eva avait pris en voyage une douloureuse
crise de zona de sorte qu'elle dut se mettre
au lit en arrivant. L'accueil qu'elle reçut à
la « Maison » fut le dernier rayon de soleil
des heureuses semaines que Dieu nous avait
données. A ce moment-là il y avait peu
de gens riches qui pouvaient s'offrir un voyage en Suisse, et pourtant Dieu nous l'avait
accordé. De plus, presque toutes les branches
de notre œuvre en avaient été enrichies
malgré tous nos soins pour éviter les collectes
ou les demandes de secours. La seule chose
que nous nous permettions, c'était de raconter à ceux qui le demandaient, l'histoire des
exaucements de Dieu dans le passé. Il est
vrai que ces récits de Sa grâce et de Sa bonté
sont aussi merveilleux dans leur genre que
ceux de la multiplication des pains, où des
corbeaux d'Elie et de l'huile de la veuve de
Sarepta.

Depuis notre retour, notre vie est plus
remplie que jamais. D'abord il a fallu
nous remettre au courant des œuvres diver-

sses et écouter le récit de tout ce qui s'est fait en notre absence. Puis nous eûmes la visite de plusieurs chers amis. Il serait trop long de tout vous raconter et peut-être cela ne vous intéresserait-il pas. Mais il y a une chose qui, sûrement, vous intéressera beaucoup. Nous avons enfin eu la joie de revoir au milieu de nous cette chère sainte et héroïne Sœur Heartsease de Pétersbourg.

Au premier abord on ne pouvait la regarder sans un sentiment mêlé d'affection, de respect, car elle eut le privilège de souffrir pour l'amour du Sauveur. Mais bientôt je l'entraînai en triomphe auprès de Sœur **Eva**. Son amour pour la musique est une de ses caractéristiques, car la première chose qu'elle fit fut de s'asseoir au petit harmonium et de chanter en s'accompagnant, un cantique tiré de ce texte: « Ceux qui sont revêtus de robes blanches, qui sont-ils et d'où sont-ils venus? Ce sont ceux qui sont venus de la grande tribulation; ils ont lavé leurs robes et ils les ont blanchies dans le sang de l'Agneau. C'est pourquoi ils se tiennent devant le trône de Dieu, et le servent nuit et jour dans son temple. Celui qui est assis sur le trône dressera sa tente sur eux. Ils n'auront plus faim et ils n'auront plus soif, et le soleil ne les frappera plus, ni aucune chaleur, car l'Agneau qui est sur le trône les paîtra et les conduira aux

sources d'eau vive, et Dieu essuiera toutes
larmes de leurs yeux. » L'alleluia revenait
toujours et notre cœur se serrait à la pensée
que celle qui chantait avait connu par expérience quelque chose de cette « grande tribulation ». Ceux d'entre vous qui ont lu son
« Appel aux femmes d'Angleterre » savent
ce qu'elle a souffert. Et malgré tout, cette
grande âme va retourner en Russie. Sa présence nous a été un rafraîchissement de la
part du Seigneur. Un jour je lui disais: Mais,
chère Sœur, c'est le monde renversé, que ce
soit *vous* qui nous apportiez ces ondées ra-
fraîchissantes, alors que « c'est nous qui devrions vous réconforter ». Avec son joyeux
sourire, elle répondit: « Ma chère, vous m'ap-
portez toutes des cœurs remplis d'amour. »
Sa visite me fut personnellement une force,
un rafraîchissement et un grand secours.
Rien n'est plus fortifiant que de voir des
âmes qui ont supporté l'orage et en sont res-
sorties naturelles, simples, humbles et même
gaies comme elle l'est. Quand elle nous conta
l'histoire du pillage de son hôpital, sa voix
tremblait à la description qu'elle nous fit de
certains épisodes amusants. Oui, Sœur Heartsease est de l'or pur, et le grand Raffineur
sait comment les âmes de cette sorte peuvent
supporter l'épreuve du creuset. Il saura la
garder et la rendre capable de supporter en-

core le feu. « Sa devise est : « capable de supporter », qui lui fut donné il y a des années à Londres par M. Charles Fox.

Elle m'a raconté comment cette devise fut mise à l'épreuve dans sa vie. Cette confidence me fut une grande bénédiction. Cette femme est une personnalité remarquable. Un jour elle me raconta l'histoire d'une russe qu'elle connaît personnellement, une femme riche en Dieu, quoique pauvre des biens de ce monde, et qui passait son temps à visiter les villages, à instruire les enfants et à se rendre utile. Ne pouvant suffire toute seule à la tâche, elle vint consulter Sœur Heartsease. Une paysanne lui avait conseillé de prendre deux autres femmes pour l'aider. Mais où les trouver ? Sœur Heartsease donna à la paysanne l'adresse de différentes sociétés religieuses auprès desquelles elle fit sans succès des démarches. On l'avait questionnée sur le salaire offert, le temps libre accordé, le confort etc... Personne n'était prêt à sacrifier ses aises pour travailler au salut de ses semblables. La Petite Mère raconta la chose à sa réunion ; les enfants écoutèrent attentivement. Alexandra (une petite réfugiée russe) qui a environ 13 ans, lui dit: « Petite Mère, est-ce que personne n'est venu ? » Puis elle baissa la tête et pleura à chaudes larmes. Quelque temps auparavant cette enfant avait demandé si on ne pourrait pas envoyer du pain en Russie ; elle offrait d'en manger moins si on voulait envoyer sa part. Tous les enfants étaient désireux d'aider, mais de quelle manière ?...

Quelqu'un pensa aux tirelires (nos enfants reçoivent parfois de l'argent d'amis personnels) et on alla les chercher. Elles insistèrent pour *vider* ces tirelires, au lieu de donner une partie du contenu. Les plus petites étaient déjà couchées, mais à l'ouïe du bruit elles se mirent à crier qu'on devait aussi vider leurs tirelires. Une seule, Gretel, resta assez longtemps au bout de la table en contemplant un billet de 50 marks qu'elle aurait voulu garder. La Petite Mère ne lui dit rien. Au moment où elle allait fermer l'enveloppe, Gretel s'approcha d'elle: « Petite Mère, je ne puis pas garder cela pour moi, après que les autres ont *tout* donné. Prenez aussi mon billet de 50 marks. » La Sœur le prit en disant seulement: « C'est très bien ! A présent tu as fait le sacrifice complet, et Dieu le bénira richement. » Quelques jours plus tard Sœur Heartsease vint visiter les enfants avec moi pour les remercier et leur dire combien les Russes seraient touchés en apprenant que les enfants d'Allemagne avaient pensé à eux. Pendant qu'elle parlait, Alexandra disparut graduellement, pleurant à chaudes larmes.

Chère petite! elle a un cœur si chaud et un si grand amour pour son peuple. La petite mère, en racontant l'incident, ajouta: « Un jour, nous pourrons faire un plus grand don à la Russie en y envoyant notre Alexandra. » Et Alexandra avait dit: « Petite Mère, attendez seulement et vous verrez que lorsque je serai grande, j'irai. »

Pendant que je vous écris, nous jouissons d'une autre visite. Cette fois c'est un missionnaire en Chine qui est venu ici de son lointain pays (le Canada, où il passe ses congés) pour visiter une branche de la « Mission Intérieure en Chine ». Après avoir visité Thrischoua et Liebenzell, il est aussi venu nous voir. Involontairement Sœur Eva s'écria le premier soir: « Un des apôtres de Dieu ». C'est la meilleure description qu'on puisse faire de lui. C'est un homme de haute taille, maigre et ayant blanchi au service du Seigneur, mais avec un regard lumineux qui semble voir l'Invisible. Cet homme spirituel est aussi simple et naturel qu'un enfant; il est un canal de bénédictions au milieu de nous.

Quel grand privilège d'être en contact avec tant de chers enfants de Dieu, mais aussi quelle responsabilité. Cette pensée m'écrase parfois. Quand Dieu nous montre comment Il sait imprimer Son image sur de pauvres humains, de façon à les transformer de gloire en gloire. Alors nous nous courbons devant Lui, tout honteux. Nous réalisons si peu cette sainteté dans nos vies. Il y a des temps où nous sentons douloureusement combien le vieil Adam est encore vivace et quelle peine il a à *mourir!...*

Il fait bon voir des vies vécues entièrement et constamment à la gloire de Dieu.

J'ai oublié un détail de notre voyage en Suisse. C'était lors de notre première halte, au bord du lac de Constance. Nos amis s'intéressaient tellement à notre petite branche de l'œuvre missionnaire en Chine qu'ils exprimèrent le désir d'avoir un journal qui leur donna des nouvelles régulières de l'œuvre. Nous avons donc fondé pour eux *le Petit Messager*. En ce moment, trois sœurs de Friedenshort travaillent parmi les tribus indigènes de la province de Kwei-chow. Notre branche est associée à la « Mission Intérieure de Chine. » Deux autres sœurs qui ont déjà travaillé 10 ans là-bas, reviennent au pays, ayant *grand besoin* d'un congé.

Dieu a grandement béni cette œuvre parmi les tribus des Miaos. Vous avez peut-être entendu parler de M. Adamo, qui défrichait le pays, et avec qui nos Sœurs avaient espéré travailler. Il fut, hélas! foudroyé presque sous leurs yeux. Un missionnaire plus âgé de la C.

I. M. qui devait prendre la direction du petit groupe de nos Sœurs, tomba subitement malade et mourut, de sorte qu'elles durent s'en remettre à Dieu seul. Pendant toute la Grande Guerre elles furent absolument séparées de notre Home et de toutes les communications, ne recevant plus aucun secours. Mais la chère Société C. I. M., qui ne reconnaît aucune différence de nationalité dans le Royaume de Christ, les protégea et les secourut fidèlement. Dieu a richement béni cette portion de notre œuvre et il y a maintenant un petit « Friedenshort » en Chine, et un Home pour les Sans-Foyer abritant les orphelins sauvés de la famine. Il y a en tout une vingtaine de maisons (dont quelques-unes sont très petites, naturellement).

La première Sœur chinoise les a rejointes ; elle s'appelle Sœur Ruth. C'est une jeune fille bien élevée dont le Seigneur a touché le cœur.

J'ai oublié de dire que *le Petit Messager* a trouvé un éditeur dans la personne d'un docteur en philosophie. Sa vie est une preuve de la puissance de Dieu pour atteindre les cœurs et les vies les plus opposés à sa grâce. Ce docteur était un psycho-analyste, doublé d'un athée et grand ennemi de la Parole de Dieu. Mais par un concours de circonstances trop long à détailler ici, il fut conduit à lire la Bible, quoiqu'armé jusqu'aux dents contre elle. La Parole de Dieu fut comme toujours une puissance vivante et active qui renversa les forteresses, de sorte qu'il s'assied maintenant comme un petit enfant aux pieds de Jésus. Il prêche à ses étudiants la foi qu'il combattait jadis. Il parle de son Chemin de Damas ; et maintenant il n'a qu'un désir, c'est que ses enfants soient en contact avec la foi vivante, pendant qu'ils sont encore jeunes, afin d'être armés contre les assauts de l'incrédulité. C'est dans ce but qu'il est venu nous voir, et qu'il nous a amené sa fille aînée, Lili, pour suivre un cours d' « Ecole Ménagère ». Celle-ci consiste en une volée de 524 jeunes filles qui apprennent toutes les branches de la tenue du ménage. Ce docteur était ici en même temps que Sœur Heartsease, et c'était touchant de voir ce grand et gros docteur suivre ses classes ou causer respectueusement avec elle. Le premier jour il me demanda qui elle était et quand je lui répondis: « Une des Saintes de Dieu », il me dit: « C'est bien ce que l'on sent dès le premier contact avec elle. » C'est ainsi que la vague de bénédictions s'étend, à l'extérieur et à l'intérieur. Aujourd'hui la note de l'achat des chevaux est arrivée . Cinq millions de marks pour les deux! et c'est *peu* au cours du change... Nous avions l'argent en main, mais nous n'aurons à donner que 2 millions et demi ; l'autre moitié est un cadeau du vendeur.

Vers la fin d'avril, comme nous pensions à renouveler nos provisions, en vue d'une nouvelle insurrection polonaise en mai, voici qu'un chèque nous arrive de ce même ami qui nous a souvent aidées si généreusement. Cela nous a permis de commander le nécessaire, et, de plus, Dieu a tenu sa bonne main sur notre contrée et empêché de nouvelles effusions de sang. Il y a 2 ans nous étions au milieu de scènes de meurtres et de cruautés, tandis que maintenant, *grâce à Dieu*, tout est calme autour de nous. Nous en sommes si reconnaissantes.

Septembre 1923.

Il faut que de nouveau un chant de louanges et d'actions de grâce s'élève par dessus les terres et les mers et vous apporte les chaudes salutations d'un district de la Haute-Silésie. Depuis notre dernière « causerie », nous avons découvert que cette lettre-circulaire s'en va visiter un plus large cercle d'amis que nous n'en avions l'intention, de sorte que nous avons pensé tout d'abord devoir abandonner ce style « familier » pour vous écrire d'une manière plus sérieuse, mais j'aurais eu de la peine à prendre un style différent pour écrire à tant de mes chers amis. Si des amis plus lointains ou des connaissances viennent à les lire, et glanent ainsi quelques épis sur le champ de travail que Dieu nous a confié, je suis sûre qu'ils excuseront ce genre familier, quand ils sauront que ce sont des *lettres privées.*

Pendant que je vous écris l'atmosphère est chargée d'électricité qu'engendre la crise financière. Chacun se demande ce qui va arriver. La valeur du mark baisse rapidement et les prix montent en proportion, par sauts et par bonds. Ils doivent se régler d'après le dollar américain qui vaut à présent 50 millions de marks. Et cependant malgré ces chiffres incroyables et le chaos extérieur qui règne partout, nous avons l'assurance bénie que la bonne main de notre Dieu est sur nous. Jusqu'à cette minute et malgré ces chiffres formidables, et le sentiment de l'instabilité de tout ce qui nous entoure, nous savons que Son Amour paternel ne changera jamais. Ce n'est pas de l'imagination, mais un fait glorieux que toutes les promesses divines sont Oui et Amen en Lui et qu'elles forment un rocher sur lequel on peut bâtir au milieu des vents, des flots et des tempêtes qui ne font que prouver son immuabilité.

Nous avons plus que jamais besoin de vos prières, afin de pouvoir regarder en Haut et que nos pieds restent plantés sur le roc de sorte que ceux qu'Il nous a confiés ne manquent jamais du nécessaire.

« Cherchez premièrement le Royaume de Dieu et Sa justice, et toutes ces choses vous seront données par dessus. » Voilà sa promesse. Demandez-Lui que nous mettions toujours les « premières choses à la première place », et alors nous serons assurées que ses grâces temporelles ne nous manqueront pas, (pour autant qu'Il le trouve utile).

Ces « premières choses », c'est-à-dire sa vague de bénédictions spirituelles continuent à couler tranquillement. Nous avons visité plusieurs de nos Homes depuis ma dernière lettre, et nous avons été réjouies à la vue de ce que Dieu peut faire dans des cœurs d'enfants. Un de ces « homes » est situé sur une colline solitaire (un « moor ») qui offre un coup d'œil pittoresque avec ses bruyères pourpres et ses pins parfumés. Mais la Sœur Jardinière vous dirait que ce n'est guère un sol fertile, quoique le Maître ait mit sa bénédiction sur le travail de ses mains. Elle a, non seulement un beau champ de pommes de terre, mais toutes sortes de légumes nécessaires et même « de luxe » sous la forme de splendides tomates et de frais concombres. Nous sommes si reconnaissantes d'avoir un peu de variété pour les repas !

Mais le plus beau « jardinage » est celui du

Seigneur dans le cœur des enfants. Sœur Eva et moi, nous avons eu la joie de rentrer la moisson en chantant. Une ou deux de nos fillettes seulement avaient vraiment et consciemment livré leurs cœurs au Sauveur, mais le travail préparatoire avait été fait soigneusement dans leurs âmes, et c'étaient des fruits mûrs n'attendant qu'un attouchement de la main divine. C'est pendant notre visite qu'eut lieu cet attouchement divin, et nous n'oublierons pas l'heure d'actions de grâce qui suivit. Les enfants étaient réunis et nous allions commencer, lorsque subitement et d'un commun accord, toutes disparurent les unes après les autres. Elles sortirent à la hâte et revinrent avec le peu d'argent qu'elles possédaient. On empila le tout sur la table devant nous, et en additionnant les diverses sommes, nous arrivâmes au chiffre *étonnant* de 800.000 marks offerts pour l'œuvre missionnaire. Il est vrai que c'était bien peu de chose, au cours actuel de l'argent, mais c'était *tout* ce que ces enfants avaient à donner. Quels dons précieux *aux yeux* de Dieu. La spontanéité de la chose était si touchante ! Sœur Eva leur lut l'histoire de la Pâque sous Ezéchias et comment tout le peuple apporta des dons volontaires dans le temple purifié.

Nous pourrions par   d'autres Homes que

Dieu a visités de la même manière durant ces derniers mois, en Saxe, en Thuringe et dans les pays rhénans. Rien n'est si solennel et si doux que de voir la vérité s'emparer de ces âmes d'enfants. Nous en avons eu une nouvelle preuve peu de temps avant notre visite au Home de la Colline.

Nous avions pris part à une espèce de « Camp » pour jeunes filles, qui se tenait dans la propriété d'un riche voisin. C'était le dernier jour et Dieu les bénit. Ce matin là, plusieurs âmes se donnèrent à Lui et quand l'après-midi arriva, Sœur Eva tint une réunion pour les jeunes chrétiennes, et moi pour un groupe d'écolières qui n'étaient venues que pour un jour, de la ville voisine. Elles désiraient savoir qui étaient nos « *Etoiles* ». Après le leur avoir expliqué ainsi que le but de cette société, je passai au point le plus important, c'est-à-dire *briller* tout le jour comme les étoiles. Désirant parler très clairement dans l'heure qui m'était donnée, la seule que ces jeunes eussent de libre, je leur parlai très simplement de Celui qui est la Lumière du Monde, et qui nous appelle à être la lumière du monde (dans Jean I et Mat. 5. 14) ajoutant que le seul moyen que nous ayons pour *briller*, c'est de *recevoir* la lumière en laissant entrer Celui qui se tient à la porte de notre cœur. Ces jeunes filles étaient gentilles

et sérieuses, surtout quand je cherchai à leur
faire voir le contraste entre l'obscurité du
cœur naturel, et la pleine lumière qui règne
lorsque Jésus y est entré. Plus d'une fois
mon regard rencontra celui de la petite fille
de la maison, qui s'était décidée à venir à
cette réunion. Sa douce figure, si sérieuse,
reflétait ce qui se passait au dedans, et fut
pour moi une force et une aide, car je me
sentais peu préparée pour ce genre d'appel.
J'avais fait, tout juste avant, une course en
voiture qui avait duré plus que je ne pensais, de sorte que lorsque je sautai de la voiture, les fillettes chantaient déjà.

Avec un regard en Haut et un élan de prière vers Celui qui ne nous fait *jamais* défaut,
je m'approchai d'elles. Je sentais tellement
ma dépendance de Dieu qu'Il fut plus libre
d'agir en moi et par moi. Sentant qu'Il parlait à tous ces jeunes cœurs, je les invitai à
quelques moments de prière silencieuse à la
fin, pour que chacune pût apporter ses demandes au trône de la Grâce. Puis en nous
relevant, je les invitai à me suivre dans ma
chambre où j'avais, à leur donner, des feuillets illustrés sur les Missions. Elles me suivi-
rent, avec la petite Laure dont j'ai déjà parlé
et qui sans faire attention à ces feuillets, vint
tout droit vers moi en disant: Oh! Sœur Annie, le Seigneur est vraiment entré dans mon

cœur. Je le sais! Je le sens! Puis elle éclata en sanglots. Je l'attirai à moi en lui disant doucement: Alors il ne faut pas pleurer, tu dois être bien heureuse. — « Oh! oui, je le suis, dit-elle avec décision, je suis tellement heureuse. Je *sais* qu'Il est venu dans mon cœur. » On voyait bien que ses larmes étaient des larmes de joie. Tout le groupe d'écolières se tenait timidement à l'écart; plusieurs pleuraient doucement. Le résultat de l'exemple de Laure fut que plusieurs autres firent comme elle.

Après leur départ, la petite Laure resta pour me poser plusieurs questions. « Tante Annie, vous avez dit dans la réunion que le Seigneur Jésus pourrait peut-être venir ce soir; est-ce bien vrai? » Je cherchai les passages bibliques qui en parlent et je les lui lus. Elle fut un peu troublée à la pensée qu'elle pourrait être endormie, mais vite consolée quand je lui assurai que dans ce cas elle se réveillerait certainement s'Il revenait de nuit. Je lui expliquai qu'elle ne devait pas avoir peur. Elle secoua la tête en disant: « Oh! comme je voudrais qu'Il revienne ce soir. » Quand je lui dis que nous ne pouvions pas savoir *quand* ce serait, elle ajouta: « Probablement quand nous ne l'attendrons pas, comme c'est le cas quand on nous fait une surprise. » Et elle fut d'accord quand je lui dis que nous devions toujours être prêtes.

Naturellement elle fit part de cette grande joie à sa mère pour qui elle a une vive affection. La mère avait pris le matin la même décision à la réunion de Sœur Eva. Quand elle vit celle-ci, elle courut vers elle et lui dit tout bas: « Savez-vous ce qui m'est arrivé? La porte de mon cœur s'est ouverte et le Seigneur Jésus y est entré. Sœur Annie vous l'expliquera. » Elle débordait d'une telle joie qu'elle ne pouvait pas la garder pour elle. Le lendemain, quand elle fut un peu calmée, elle me dit: « Je ne le *sens* pas tout à fait autant qu'hier ». Mais quand je lui demandai si elle *savait* que Jésus était entré dans son cœur, elle répondit affirmativement avec joie. Puis, sur le désir de sa mère, je lui parlai de deux ou trois défauts qu'elle devait vaincre, car lui dis-je, maintenant que Jésus vit dans ton cœur, il faut qu'Il puisse tellement briller tout autour, que les autres ne te voient plus toi-même, mais Jésus en toi. Tout son corps tremblait, et toute émue, mais rayonnante, elle s'écria: « Oh! que je voudrais être ainsi ».

Chère petite Laure! Que ceux qui liront ces lignes veuillent bien prier pour cette précieuse jeune vie. Dieu veuille qu'aucune gelée ne vienne détruire cette fleur entr'ouverte.

C'est une nature ardente, énergique, ayant certains défauts qu'elle aura de la peine à vaincre, mais le Vainqueur a pris possession de cette jeune vie. Son père est très taquin. Un jour sa sœur fut assez surprise d'entendre l'enfant s'écrier vivement, alors qu'elle la taquinait sans merci: « Magdeleine, je ne puis pas vous souffrir ». « Et pourquoi? reprit-elle en riant. » « Parce que vous ressemblez tellement à papa... » C'est son père qui m'a raconté lui-même la chose.

Le jour de notre départ, son père lui dit: « Eh bien, Laure, n'aimerais-tu pas aller à Friedenshort avec Sœur Eva et Tante Annie. Mais tu iras sans nous. Maman doit rester à la maison et papa aussi, mais lui ne compte pas ». Une dame présente commença à exhorter l'enfant en lui disant d'aller embrasser son père, et lui affirmer que ce n'était pas vrai, qu'elle l'aimait tendrement. Mais petite Laure ne bougea pas et répondit simplement: « Papa le sait bien », en lui lançant un doux regard. Celui-ci le lui rendit joyeusement, car cette tranquille assurance valait mieux pour lui que toutes les démonstrations possibles. Mais voilà que je retombe dans mon défaut habituel, raconter des histoires d'enfants. Vous comprenez qu'il me semble que si vous n'y tenez pas autant que moi, *vous devriez y tenir.*

Avant ce Camp là, nous en avons eu un à Friedenshort pour « *nos Etoiles* », (c'est-à-dire les amis et amies de chacun de nos enfants). C'était le dixième anniversaire de notre société des « Etoiles ». Plus d'une centaine d'enfants, pour la plupart des fillettes, y prirent part. Il fallait recevoir une nombreuse compagnie, car nos maisons sont presque toujours bondées. Notre brave Behmenburg arrangea de charmantes cabines avec quelques planches, un tas de fougères sèches et de la paille. Cela faisait d'excellents matelas qui furent fort appréciés. Les jeunes hôtes avaient apporté chacun leurs draps et leurs essuie-mains, ce qui nous facilita bien le travail.

J'avoue qu'une ou deux fois la question du Seigneur à Philippe faillit m'angoisser: « Où achèterons-nous du pain pour tous ces gens? » Mais nous fîmes à nouveau l'expérience qu'il n'y avait pas de quoi nous inquiéter, vu que beaucoup de nos hôtes avaient apporté des provisions. Le dernier jour je reçus une corbeille de fleurs avec de beaux vers; puis nous découvrîmes que les fleurs recouvraient un monceau de billets de banque. Non seulement tous les frais furent couverts, mais il resta un joli surplus. La bénédiction intérieure fut merveilleuse. Les cieux étaient ouverts. Pour autant que nous pûmes le savoir,

plus d'une centaine d'âmes reçurent une bénédiction précise, à en juger par les prières
et les actions de grâce du dernier soir.

Vous me comprendrez si je n'en dis pas
plus long pour laisser toute la gloire à Dieu.
Le jour du départ des « *Etoiles* », deux chers
amis d'Amérique, arrivèrent, un M. Palmer,
pasteur à Philadelphie et Mme Evans. Nous
connaissions celle-ci depuis quelque temps,
non seulement par ses dons, mais par les bonnes lettres qui les accompagnaient et qui nous
apportaient des brises d'En Haut, unissant
nos cœurs par l'Esprit. Elle nous avait dit
qu'elle viendrait en Allemagne cet été. En
arrivant à Hernigrode à la fin de juin, pour
visiter notre Home le *Paradis* et participer à
une Conférence d'ouvriers du Seigneur, nous
apprîmes qu'elle était attendue. Dès notre
première entrevue nous sentîmes en elle une
« âme sœur » ; nous jouîmes ensemble de
quelques bonnes heures de communion spirituelle et ce fut une grande joie de la recevoir
à Friedenshort. Peu après un troisième ami
d'Amérique arriva, un M. Hillyer, Directeur
de la Mission israëlite *le Témoignage chrétien*. Lui-même est un juif converti. Nous
passâmes quelques belles journées ensemble ;
M. Palmer donna plusieurs réunions avec Mrs
Evans comme interprète. Il y a quelque chose
de si rafraîchissant dans la manière originale

dont ces Américains expriment les vérités spirituelles déjà connues. Par exemple c'est, je crois, M. Palmer qui jeta une lumière nouvelle sur ce verset biblique que j'ai déjà mentionné. « Cherchez premièrement le Royaume de Dieu... et toutes ces choses vous seront données par dessus. » Cette vérité a été depuis des années comme un rocher sous nos pieds, mais c'est M. Taylor, je crois, qui nous a rappelé que si notre *mobile* est uniquement la gloire de Dieu, alors toutes « ces choses temporelles nous sont données par-dessus « *pour faire le poids* ». Nous n'avons donc jamais besoin d'être en souci, *si nous vivons les regards en haut.* Que c'est beau et consolant pour nous qui avons la charge de nourrir une si grande famille. Nous ne devons pas nous faire de soucis. Nous pouvons, au contraire, être comme des enfants dans la maison de leur père ; il pourvoira à tous nos besoins temporels. Je ne me souviens pas de *tout* ce qu'il a dit, mais c'est si vrai. La vérité contenue dans ces paroles est un fait réel, et on peut en vivre. La chose importante c'est que notre ciel spirituel ne soit jamais voilé par notre faute.

En ce moment nos cœurs débordent de reconnaissance pour la grande bonté de notre Dieu. Il a tellement calmé nos cœurs par Sa présence que nous ne craignons rien malgré les prix de plus en plus exhorbitants.

La chère Sœur Heartsease nous a fait une courte visite. Sœur Eva et elle ont éclaté de rire lorsque je leur ai dit que mon cœur était tellement plein de reconnaissance que je ne pouvais pas même l'exprimer ni même *le sentir*, à certains moments.

Pouvez-vous comprendre cela? Chacune de nos commandes en charbon, en provisions ou en vêtements semble un nouveau miracle, et ces miracles continuent; ils sont toujours nouveaux, venant de la main de notre Dieu.

Faut-il vous parler de notre dernière source de joie?... Nos pommes de terre d'hiver.

Notre provision pour toute l'année est non seulement commandée et promise, mais le montant est à la banque en argent anglais, en attendant l'arrivée de la note. Le prix de cette denrée monte de jour en jour; en marks ce sera un chiffre effrayant de millions. Mais la valeur de la livre anglaise monte aussi, ce qui rétablira l'équilibre.

Quand j'étais enfant, je n'aimais pas entendre appeler Dieu le Tout-Puissant. Ce nom me paraissait si froid, si lointain. Je n'y sentais point d'amour, mais quand on se souvient que le Tout-Puissant a un cœur plein d'amour, un cœur de père, alors on comprend le grand poète Cowper quand il écrivait:

« C'est mon Père qui les a tous faits: les étoiles, les oiseaux, le monde, et ce Dieu est notre Dieu pour toute l'éternité ».

C'est étrange comme ce chant touche les cœurs. Le nouvel Inspecteur des Ecoles a visité hier celle de Friedenshort, et il a été frappé de la manière dont nos enfants chantent; il nous disait: ils chantent comme s'ils « *le sentaient* » et il semblait attendre une explication de Sœur Eva qui tâcha de le satisfaire. Il ajouta sérieusement: « Vous voulez dire qu'ils ont fait l'expérience de ce qu'ils chantent? ». Oui. Plusieurs de nos précieux oisillons ont vraiment expérimenté une bonne partie de ce qu'ils chantent, et peuvent ainsi faire saisir cette vérité à d'autres par leurs chants. Ce n'est pas seulement à Friedenshort, mais dans tous nos Homes que nous faisons l'expérience de la fidélité de Dieu. Dans notre dernière tournée de visites à nos Foyers de Silésie, on sentait un tel contraste entre les chants de joie et de louange qu'on y entendait, et les murmures et les plaintes de nos compagnons de voyage, dans le train.

C'était au moment où le mark avait commencé sa chute vertigineuse et où les prix montaient en proportion. On comprend le désarroi que cela apporta à ceux qui n'ont point d'espérance pour la vie éternelle. Il y a eu des rixes dans la ville voisine de Ben then, ces jours passés, et des magasins ont été pillés ; il y a même eu quelques victimes. Les mineurs sont des gens grossiers qui ne comprennent pas les difficultés des commerçants. Les prix de gros montent avec la chute du mark, de sorte que les petits commerçants doivent suivre les gros, sans quoi ils ne pourraient plus rien se procurer. Tout ce que les foules comprennent, c'est que le prix des denrées monte et elles se vengent sur les marchands dont la situation est très difficile en ce moment.

C'est avec une joie d'autant plus grande et une foi d'autant plus forte que nous voyons arriver chaque mois les comptes de tous nos Homes en constatant qu'ils s'équilibrent toujours. Souvent il ne nous reste pas grand chose, mais le cœur des Sœurs va au-devant du mois suivant avec une confiance renouvelée, car Celui auquel elles se confient ne fait jamais faillite.

Ce ne sont pas seulement des comptes qui nous arrivent mais aussi des lettres apportant chacune sa note de louange et de joie, formant ainsi un torrent d'harmonie... D'un de nos Homes en Prusse Orientale nous arrive l'histoire d'une vache. L'unique vache d'un de nos Homes à la campagne avait péri, causant la perte de tout le lait et de tout le beurre du Foyer. Un fermier des environs apprit la chose et il invita la Sœur à venir choisir dans son troupeau la vache qui lui plaisait le mieux. C'était une touchante histoire que cette lettre nous apportait en nous décrivant le retour triomphal de la Sœur avec sa vache, et la chaude bienvenue que lui firent les enfants. Ils avaient apporté une énorme couronne de bluets qu'ils passèrent autour du cou de la vache. Ils avaient même décoré son écurie. Un fermier voisin, tout endimanché, leur lut un beau psaume. Ce fermier a beaucoup fait pour les deux « Homes » de son village. Il a donné l'un, et il aide à l'approvisionnement de tous les deux. Nous fûmes émues en apprenant par sa fille qui est la *Mère* du Foyer qu'il nous a donné, que la première nuit après notre arrivée, il ne put dormir, se demandant comment nous pourrions subsister, car il n'avait pas le moyen de faire tous les frais du Home. Mais il a dès lors fait l'expérience que notre Père est riche, et il ne se met plus en souci à notre sujet. Sa seconde fille est aussi la *Mère* d'un de nos Homes.

Il y avait une grande différence entre les circonstances extérieures de ces Homes. Tandis que le brave fermier fait tout ce qu'il peut pour les deux Homes de son village, le troisième Home dont Sœur Anna est la Mère, fut donné par un homme riche qui fut soudain saisi par la crainte de devoir le soutenir ensuite. Cette crainte est une espèce de maladie nerveuse dont les riches souffrent parfois. L'homme riche qui nous avait donné le dernier Home s'aperçut assez vite que nous n'attendions rien de sa part pour l'entretien de la maison. Il en fut d'abord étonné, puis ennuyé. Finalement il se plaignit à Sœur Anna qu'on ne lui demandait jamais rien. Elle lui déclara que cela n'arriverait jamais, et que c'était contraire à nos principes. Depuis lors, il nous envoie des dons de temps en temps.

La grande difficulté pour nous procurer des Nouveaux Testaments pour nos nombreux enfants est vaincue. Un Testament d'un penny (2 sous) coûte aujourd'hui si cher ! mais La Scripture Gift Mission, de Londres, nous en a envoyé 500, et la plupart de nos enfants en possèdent maintenant. Nous ne les donnons pas à la légère, mais seulement à ceux qui vraiment aiment la Parole de Dieu, et la lisent dans leurs heures libres. Comme ils soignent leur précieux livre ! Et c'est ainsi que le chant de Louange continue à s'élever de la terre au ciel où il doit se joindre au chœur d'Alléluia dans les parvis célestes.

Une grande épreuve nous a frappés. Comme vous n'avez pas tous entendu parler de notre Marshallen, il faut que je vous dise qui elle était. Il y a bien des années une sœur de

Sœur Eva, la comtesse de Bismark devint veuve, et acheta une vieille maison de campagne pour Sœur Eva, Friedenshort étant de plus en plus rempli. C'était près de Posen et de la frontière russe, mais dans une région appartenant alors encore à l'Allemagne. La comtesse de Bismark avait une belle et riche nature, et possédait l'amour du beau à un haut degré ; elle pouvait satisfaire ses goûts esthétiques dans sa propriété au nord de l'Allemagne. Mais Dieu s'empara de son cœur ; elle apprit à connaître, à aimer et à écouter la voix divine. Elle l'entendait intérieurement lui dire : « Libère-toi ! libère-toi ! » Et comme l'apôtre Paul, « elle ne résista pas à la vision céleste. » Elle sentait que sa belle maison et surtout ses chers chevaux étaient un peu ses idoles. Comprenant toujours mieux la volonté de Dieu, elle se décida, non sans larmes, à sacrifier son Isaac. Elle obéit simplement, comme une enfant. Sans retard elle se mit à la recherche d'un nouveau home, n'ayant d'autre désir que celui d'obéir à son Sauveur mais sans savoir ce qu'il demandait d'elle. Elle pria sa Sœur Eva de l'accompagner dans ce voyage de découverte, et un jour celle-ci lui dit : « Lenchen ! je suis sûre que tu ne verras pas ton chemin en le *cherchant* toi-même, mais en attendant que Dieu te le montre ». La comtesse avait les larmes aux yeux, car elle avait un tel désir d'obéir au Seigneur, après avoir mis *tout* sur l'autel, et pourtant elle ne savait quel chemin prendre. Mais elle abandonna les recherches commencées pour *attendre* les directions divines.

Elle accompagna Sœur Eva à Marshallen pour voir la maison qu'elle avait donnée à sa sœur sans jamais l'avoir visitée. En arrivant à cette vieille maison solitaire, elle en parcourut les chambres. Après être demeurée un long moment debout et silencieuse devant la fenêtre, elle se tourna vers sa sœur en disant doucement: « Eva, c'est ici que Dieu me veut; veux-tu me rendre cette maison? Je te la paierai. » Sœur Eva fut renversée, car on ne pouvait rien imaginer de plus différent de la magnifique campagne que sa sœur avait toujours habitée. C'était une espèce de désert sablonneux; les écuries étaient en ruines et la maison d'habitation complètement à réparer. Il n'était pas impossible d'en faire un Home pour des enfants, mais pour une comtesse qui avait l'amour du beau!... Sœur Eva lui répondit: « Si tu es bien sûre que c'est ici que Dieu te veut, Lenchen, prends-la. »

Il faut que j'ouvre ici une parenthèse. Au commencement, Friedenshort avait des revenus qui suffisaient à ses besoins. Mais les demandes d'admission augmentant sans cesse et Friedenshort ouvrant toujours ses portes

à toutes les misères, il arriva rapidement que
les dépenses dépassèrent le revenu. Nous nous
étions donc endettés. Le chèque que tante
Lenchen remit à Sœur Eva pour l'achat de
cette maison déjà payée une fois, fit plus que
couvrir le déficit. Sœur Eva revint à la maison le cœur joyeux, toutes dettes payées et
Friedenshort commença une vie nouvelle, la
vie de la foi. C'était en 1908. Dieu nous avait
guidées doucement de ce côté-là, pas à pas.
Il ouvrit à ce moment précis le cœur et les
yeux de Sœur Eva de façon à le lui faire comprendre. Notre revenu actuel, que nous ne
pouvons changer, vaudra bientôt moins que
le port d'une lettre. Mais, comme vous le savez, nous ne dépendons pas de ce revenu, et
c'est alors que nous fîmes le premier pas dans
ce chemin de la foi, ne voulant plus dépendre
que de Dieu.

Mais revenons à Marshallen qui ne tarda
pas à fleurir comme un jardin du Seigneur.
Même les étendues sablonneuses furent transformées par la main d'amour qui en prit possession ; le désert environnant se mit à fleurir et à porter du fruit, c'est-à-dire des roses,
et encore des roses. La nature revêtait partout sa plus belle robe. Le jardin potager, si
utile avec ses beaux légumes, était bordé de
fleurs aux brillantes couleurs, et bientôt un
groupe de fleurs humaines, garçons et filles,

vint compléter l'embellissement de ce jardin. C'était un Home pour les Sans-foyer fondé par tante Lenchen.

Et quel Home magnifique! Une grande maison avait bientôt été construite. Malgré le désir de tante Lenchen de ne pas vouloir une *Institution*, mais seulement une heureuse petite famille de 10 enfants, le Home ne tarda pas à abriter 80 enfants. Les champs de blé et les vergers fournissaient un travail sain aux chers enfants, ainsi qu'une bonne partie de leur nourriture, et Marshallen fut bientôt en bénédiction à tout le voisinage. Les fermiers des environs venaient demander des conseils et acheter du blé pour leurs semailles. Même l'hostilité du peuple disparut sous la gracieuse et aimable influence de tante Lenchen. Grande, avec un port de reine, et beaucoup de grâce dans tous ses mouvements, elle inspirait non seulement le respect, mais l'amour.

Cette partie de Posen dépend désormais des autorités polonaises qui ne veulent plus d'Allemands chez eux. Quel coup pour tante Lenchen. Le cœur très gros, il faut abandonner ce Home et ces enfants et, à 60 ans, elle doit se retirer dans un modeste petit Home qu'elle avait fondé il y a longtemps dans le nord de l'Allemagne. La valeur de ses biens a tellement baissé qu'au lieu de pouvoir comme autrefois, subvenir aux besoins de ce Home, elle devra suivre, comme nous, le chemin de la foi. Mais sa confiance en Dieu est si grande qu'elle s'y trouvera au large, comme c'est notre cas, car on y vit de la réalisation des promesses divines.

Il est temps de terminer avec nos affectueux messages à tous les amis personnels qui liront ces lignes. Nous ignorons si nous nous reverrons ici-bas ou seulement dans la présence immédiate de notre Sauveur, car les signes des temps semblent annoncer la fin très prochaine de cette dispensation. « Il y aura des tremblements de terre, et une grande détresse parmi les nations ». Et encore: Il y aura dans les derniers jours des moqueurs .....qui diront: « Où est la promesse de Son avènement ? car depuis le temps de nos pères, toutes choses continuent comme au commencement de la création. »

Ces signes nous entourent de tous côtés: « Le figuier », c'est-à-dire Israël qui rentre dans son pays, commence à bourgeonner. « Quand vous verrez toutes ces choses, sachez qu'Il est proche, même à la porte ». Et ne dirons-nous pas: « Oui, Seigneur Jésus! Viens ! »

Novembre 1928

Cette fois, c'est avec des sentiments mélangés que je vous écris cette circulaire qui doit être aussi une lettre joyeuse de Noël. Nous voici pourtant sur le seuil d'un hiver qui menace d'être plus pénible que tous les précédents. Je ne pense pas seulement à nous, mais à notre pays tout entier. Le loup de la famine menace bien des foyers qui y avaient échappé jusqu'ici. Nous avons appris que les autorités ont défendu la publication des suicides, à cause de leur fréquence.

Un passage du « Daily Light » m'a été en bénédiction l'autre jour: « J'attends mon secours de Celui qui est puissant » et dans 2 Cor: 6: 18 « Vous serez mes fils et mes filles, dit le Seigneur Tout-Puissant ». C'est maintenant le nom que je préfère pour Dieu: « Le *Tout-Puissant.* »

Nous sommes les fils et les filles d'un Père « Tout-Puissant » de sorte que nous pouvons aller joyeusement et courageusement au devant de ce terrible hiver, sachant que notre Père pourvoira à *tous* nos besoins. Le cœur humain de Celui qui est divin est encore comme jadis, plein de compassion pour les multitudes. Celui qui est avec nous est capable de multiplier nos petites provisions si nous les déposons dans Sa Main avec confiance; nous sentons qu'Il nous demande de faire un pas de plus sur le chemin de la foi. Il ne s'agit pas de compter et de soupeser nos provisions en nous demandant si nous aurons de quoi nourrir les 400 bouches de Friedenshort, sans compter les 2000 dispersées dans d'autres parties de la contrée. Il s'agira, au contraire, d'ouvrir nos portes à tous les affamés qui viendront à nous, jour après jour et de les rassasier. Nous n'avons pas l'intention d'ouvrir une cuisine populaire, mais nous allongerons nos tables, pour faire une place à tous les hôtes de notre Sauveur. Sœur Eva va écrire à tous nos Homes à ce sujet pour les inviter à suivre notre exemple et ainsi il y aura partout de chauds foyers qui répandront la lumière et la chaleur dans ces temps de misère.

Je vous disais tout à l'heure que nous n'avions pas d'inquiétude quant à nos provisions. Comment en aurions-nous? Si nous regardons en bas, tout est sombre. Nous n'osons plus regarder qu'*en haut*, à la fidélité immuable de notre Dieu. Il est notre unique ressource et ses miracles sont aussi frappants aujourd'hui que dans les temps apostoliques.

Vous souvenez-vous de ce que je vous ai raconté de la petite Laure et de notre visite à sa mère? Non seulement elles ont toutes deux reçu la glorieuse Lumière divine, mais le père aussi. C'était quelque temps après notre visite, et il traversait sa propriété seul, à cheval, quand une vision de la vraie Vie lui fut accordée, de sorte que maintenant toute cette chère famille est unie dans le Seigneur. Pendant que nous étions chez eux, il avait déjà le désir de contribuer à la formation d'un nouveau Home. Le jour de notre départ, il nous conduisit à la ville voisine pour nous faire voir un petit hôpital qui devait se fermer faute de fonds. Il n'était d'ailleurs pas indispensable, car il y en a d'autres dans les villes voisines. Cet hôpital avait plutôt l'air d'une maison de campagne solidement bâtie, située au milieu d'un jardin, avec un verger de chaque côté. La maison a deux façades et un seul étage. Au lieu de grands dortoirs, un bon nombre de chambres de moyenne grandeur. C'est un bâtiment facile à transformer en un Home pour enfants. Nous allâmes nous informer des conditions du loyer et bref, notre ami M. F., l'a loué et nos sœurs y sont déjà installées. Il y a 8 semaines, j'ai pu leur faire une courte visite. Que de choses nous avons eues à discuter et que de sujets de prière. J'avais le sentiment que nous venions de faire un acte de foi, et nos jeunes Sœurs encore plus. C'est comme si on les jetait à l'eau, mais Dieu soit loué, elles savent nager...

La Sœur directrice, Sœur Charlotte, et sa compagne, étaient, lors de ma visite, très occupées à tout préparer pour recevoir les enfants. Représentez-vous une grande maison

vide avec plusieurs lits d'hôpital, quelques
meubles et quelques draps de lits, mais pas
de fonds pour acheter tout ce qui manque, y
compris les provisions, etc.. Il est vrai que
sœur Charlotte a déjà quelque expérience,
ayant servi à Altona dans un Home d'enfants; mais il était soutenu par les autorités.
Maintenant il s'agit de marcher par la foi
pour nourrir tous ceux qui lui seront confiés.

Rien n'est plus dangereux pour une œuvre
de foi que de *loucher* spirituellement: c'est-
à-dire d'avoir un œil fixé sur le Seigneur et
un œil sur un bienfaiteur. Nous, les aînées,
nous avons fait de précieuses expériences à
ce sujet, et nous désirons les épargner à nos
jeunes Sœurs. Par exemple, je me souviens
d'un homme riche qui vint visiter Friedenshort. Il nous fit espérer une grande extension de notre Œuvre en faisant tout espèces
de plans qui ne se sont jamais réalisés. Ce
n'était pas là la volonté de Dieu. Puis nous
eûmes un ami qui se mit à collecter pour notre œuvre; cela ne nous plaisait pas car c'é-
tait une innovation qui nous paraissait une
inconséquence. Nous croyons que Dieu nous
a conduites à ne faire connaître nos besoins
qu'à *Lui seul*, et à ne jamais faire de collectes, de sorte que nous n'avions pas la liberté
d'autoriser cet ami à en faire. Il ne compre-
nait du reste pas très bien nos principes.

Après lui en avoir parlé deux fois sans être comprises, nous avons dû refuser son aide. Dans bien d'autres cas, nous eûmes la tentation de nous détourner de notre résolution de vivre dans une foi absolue et dans une dépendance entière de notre Dieu. Et c'est pourquoi nous veillons jalousement sur le sentier de nos jeunes Sœurs.

Le lendemain M. et Mme F. vinrent chercher sœur Charlotte et moi pour nous emmener en voiture dîner avec eux. C'était *rafraîchissant* de les retrouver et de voir tout ce que Dieu, avait fait en eux ; nous ne pouvions qu'en être émerveillées. Pendant ce long trajet nous eûmes le temps de causer de bien des choses, et M. F. aborda le sujet de *ses* responsabilités vis-à-vis du Home. Il nous fut très facile de l'assurer que nous n'attendions absolument rien de plus de sa part. Il me répondit en riant que je ne devais pas me faire de souci, que Sœur Charlotte ne manquerait pas d'occasions pour exercer sa foi, car il était certain qu'il y aurait une centaine d'objets nécessaires auxquels il n'avait pas même songé. Sa femme ajouta : « Alors nous devons prier que Dieu nous ouvre les yeux pour *voir* tous ces divers besoins. » Puis à demi-voix elle me dit : « Nous sentons que Dieu nous a donné le même ordre qu'à la veuve de Sarepta. » Cependant nous sommes bien d'ac-

cord que pour nous l'unique source doit être
la *Source divine*. Dieu donne ses ordres à qui
cela Lui plaît, mais c'est néanmoins Lui seul
qui pourvoit à *tout* ». Comme nous appro-
chions de leur maison, nous vîmes la petite
Laure avec son institutrice. Mon arrivée fut
pour elle une surprise agréable. Après l'émotion du revoir, elle s'avança en rougissant et
en souriant pour nous saluer, et j'eus quelques minutes de conversation avec leurs deux
fillettes avant le lunch. A la fin du repas,
Mme F. nous proposa de prier ensemble pour
le nouveau Home ; cela parut gêner un peu
son mari qui prétexta le peu de temps qui
nous restait, mais sa femme ajouta: « Nous
avons encore quinze minutes avant l'heure
du départ ». Alors il céda et nous nous reti-
râmes promptement dans la bibliothèque. Ce
fut un moment de vrai rafraîchissement spirituel, d'entendre les prières de ces deux
chers nouveaux convertis. Cette union des
cœurs entre enfants de Dieu est si précieuse.
Ils disaient eux-mêmes qu'une seconde visite
de Sœur Eva serait encore meilleure que la
première à cause de l'union intérieure qui
nous unit maintenant. Depuis lors, le premier groupe d'enfants est arrivé et, hier,
nous avons pu leur expédier un tas de choses que nous savions leur être nécessaires, et
que Dieu nous avait données. Combien je

voudrais que vous puissiez assister une fois
au déballage des caisses que nous expédient
les amis de Friedenshort. Vous auriez été éton-
nés de voir comme Dieu nous envoyait les
objets dont nous avions le plus pressant besoin, et que nous désirions sans en avoir
parlé à personne, excepté à Lui. Par exemple,
Sœur Charlotte avait exprimé le vœu que son
Home s'appelât le *Home ensoleillé*, et ses
enfants: des *Tournesols*, parce que la maison
est inondée de soleil. Or, vous savez déjà que
nous ne sommes pas de ceux qui pensent
qu'il faut habiller les orphelins en couleur
sombre, et comme nous leur donnons des
noms de fleurs et d'oiseaux, nous trouvons
qu'il leur faut un gai plumage. C'est du reste
bien simple; pour les fillettes un costume
campagnard et pour les garçons un costume
Tyrolien, le tout aux brillantes couleurs.
Nous venons de fêter l'anniversaire de Sœur
Eva. Parmi ses cadeaux il y avait de l'étoffe
qui allait admirablement pour les robes de
nos fillettes. Pour nos garçons, il y avait
aussi exactement ce qu'il fallait. De plus,
comme il faut des *bretelles* au costume Tyrolien, nous découvrîmes un paquet de bretelles, et de la soie jaune pour les broder.

Nous avons dernièrement reçu un micros-
cope de poche. Cet instrument nous permet
de contempler le soin que Dieu a pris pour

créer chaque petite fleur. Quelle joie de nous dire qu'Il est notre Dieu *à toujours*. Il s'occupe aussi des plus petits détails concernant les vêtements de ses petites fleurs humaines.

Mais il faut que je vous parle encore d'un autre cadeau de fête que Sœur Eva a reçu. C'était deux ou trois jours avant son anniversaire. Je me trouvais à l'office avec Sœur Caroline quand le facteur arriva, tenant un petit paquet adressé à notre directrice. Il était assuré et venait d'Amérique. Quand j'eus signé le reçu, il me demanda le nom de l'expéditeur. Je répondis que nous l'ignorions. Il se retira sans rien ajouter. Je dis alors à Sœur Caroline: « C'est probablement du chocolat. » Mais quel énorme port il a coûté! un dollar! Et je me dis que notre brave ami d'Amérique se doutait bien peu de la valeur d'un dollar *pour nous*, car autrement il n'aurait pas dépensé autant pour affranchir du chocolat. Puis j'allai travailler dans mon bureau de l'Etoile, sans plus penser au petit paquet. Plus tard, dans la journée, je le remis à Sœur Eva avec d'autres lettres en ajoutant que quelqu'un lui envoyait un paquet de chocolat dont le port avait coûté *cher*. Elle l'ouvrit et qu'est-ce que nous découvrîmes? Une liasse de *cinq cents* billets *d'un dollar*... Nous n'en pouvions croire nos yeux et nous nous regardions muettes d'étonnement. Nous fîmes venir notre caissière, Sœur Caroline, puis nous tombâmes à genoux pour *adorer* notre Dieu. Oui, ce jour-là notre louange se transforma en adoration. En vérité, les voies de Dieu sont merveilleuses. Il nous conduit parfois dans des sentiers *étroits*, pour éprouver notre foi, mais d'autres fois Il met nos pieds « au large » et nous comble de ses largesses même avant le moment du besoin. C'est ce qui arriva ce jour-là.

Peu après, un rude coup nous frappa. Un de nos chevaux, achetés avec l'argent de nos amis de Suisse, mourut subitement de coliques. Or l'achat d'un cheval est une grosse dépense. Le directeur de la ferme appartenant au Syndicat du Charbon, eut la bonté de nous en prêter un provisoirement. Une seconde épreuve nous attendait. Nous avions à la Banque l'argent pour payer notre provision de pommes de terre, mais quand la note arriva, la valeur du mark avait tellement baissé que nous n'avions plus de quoi payer. Notre Dieu le savait. Aussi nous avait-il envoyé ces cinq cents dollars d'avance.

Mais en voilà assez sur ce sujet des finances, et nous voulons vite revenir aux « finances de notre Dieu ».

Depuis que cette lettre est commencée. nous avons reçu une bonne nouvelle: nous pouvions acheter un cheval à un prix très raisonnable là où nous avions acheté les deux autres. En ce moment, nous recevons une seconde lettre encore meilleure: le propriétaire du cheval nous en fait cadeau. En apprenant la perte que nous avions faite, il prit la résolution de la réparer. Quelle nouvelle preuve de la bonté de notre Père céleste. Nous étions absentes quand nous apprîmes la perte de notre cheval, et Sœur Eva s'était écriée: « Dieu soit loué pour tout ». C'était un cri de foi auquel Dieu a rapidement répondu. Maintenant ce qui reste des cinq cents dollars pourra être employé pour d'autres besoins.

Nos autres Homes font aussi des expériences précieuses. L'autre jour nous sommes allées en visiter un, caché au milieu des collines. On venait d'y recevoir un grand nombre de pièces entières d'étoffes d'un fabricant des environs. De suite on offrit l'une de ces pièces à Sœur Eva pour un autre Home qui en avait besoin. Nous nous sentons solidaires les uns des autres; et quand un Home a des richesses en abondance, il les partage volontiers avec les autres Homes.

Nous fîmes dernièrement deux touchantes expériences concernant le pain quotidien si rare et si cher en ce moment. Une Sœur alla chez le boulanger. Il n'avait ni pain ni farine. Et en aurait-il eu, que le prix en aurait été trop élevé pour pouvoir le payer. Au même instant, elle vit arriver deux femmes pesamment chargées qui se dirigeaient tout droit vers le Home avec toutes espèces de provisions, et entre autres, neuf miches de pain. Les employés d'une fabrique avaient fait une collecte entre eux et ces dons étaient le résultat de cette collecte. De plus, d'autres provisions nous étaient destinées et on invita les enfants à aller les chercher avec un char à main. Une dame du voisinage avait dit à la directrice de ce Home: Vous ne pourrez pas vivre pendant l'hiver, l'avenir est bien sombre. L'incrédulité de cette dame fut confondue. La même nuit la Sœur dormait paisiblement dans son petit lit lorsqu'elle fit le rêve que voici: « Elle voyait ces paroles toutes illuminées sur les murs de la cuisine. « Où achèterons-nous du pain pour tant de gens? » Et au-dessous ces autres paroles bibliques: « La farine ne manquera pas, ni l'huile dans la cruche. » En racontant son rêve elle ajouta pleine de confiance: « C'est là l'expérience de tous les enfants de Dieu. Nous n'avons rien à craindre. » Mais quelle terrible épreuve pour ceux qui ne connaissent pas le cœur du Père Céleste.

Nous avons entendu parler de plusieurs institutions de bienfaisance qui ont dû fermer leurs portes, faute de fonds. Une Sœur qui travaille dans un de ces asiles nous écrivait l'autre jour, non sans tristesse: « Vous êtes ancrée sur le fondement de la foi, et là rien ne change. » Oh! combien nous sympathisons avec ces pauvres âmes ballotées par la tempête. Les conditions de la vie ici sont si difficiles que Dieu Seul est capable de tenir le gouvernail à travers la mer agitée; nous savons qu'Il le fera même si parfois Il juge bon de permettre aux vagues de monter *très haut.*

La Mère d'un autre Home se trouvait dans la détresse, ne pouvant pas acheter tout le pain nécessaire à sa famille. Comme elle rentrait elle aperçut un jeune homme qui lui demanda si un des garçons du Home pourrait l'aider à tirer son char de pain tous les jours jusqu'à la gare, qu'il recevrait en échange un pain chaque fois...

Dans un autre Home c'est le sel qui manquait, et la sœur n'avait plus d'argent. Mais en passant au bureau de poste, on lui remit une lettre de Java, contenant un florin; c'était plus que suffisant pour l'achat du sel. Cette lettre était partie depuis un mois, mais n'arriva que juste au moment du besoin.

C'est ainsi que continue à couler le fleuve de nos louanges. Ce sont là nos expériences quotidiennes. Que Dieu vous bénisse tous pendant les fêtes de Noël. Qu'Il vous rende tout ce que vous avez fait pour nos chers enfants. « Il n'y avait pas de place pour Lui dans l'hôtellerie » quand Il vint pour la première fois sur la terre, mais Il vient encore dans la personne de tous les orphelins: « Quiconque reçoit un de ces petits en mon nom, dit-il, me reçoit ». Par votre générosité connue souvent de Dieu seul, vous nous avez aidés à Le recevoir Lui-même sous la forme de ces petits orphelins.

Mars, 1924.

Il est grand temps que je commence ma lettre circulaire puisqu'il y a plus de trois mois que je vous ai écrit la dernière. Ce n'est au fond qu'une vue à vol d'oiseau que ces lettres vous présentent, une vue de tout ce que la bonne main de notre Dieu fait pour nous, mais c'est une grande joie pour nous de savoir qu'elles sont un moyen de bénédiction pour vous. Ce sont au fond de simples histoires dont le côté humain se résume dans le mot « *foi* », la foi qui *ose* prendre Dieu au mot, et du côté divin c'est l'intervention de Dieu en faveur de ceux qui s'attendent à Lui. Nous faisons simplement de jour en jour, l'expérience de la vérité de ses promesses. La main de la foi qui se tend de la terre vers Lui est souvent bien faible, mais c'est tout ce que nous pouvons faire en faveur de ceux qui nous sont confiés. Nous n'avons d'autres ressources que celles que Dieu nous donne, tant pour l'œuvre en Europe que pour celle en Chine, où une poignée de nos Sœurs travaillent parmi les tribus des collines, et où Dieu les bénit richement.

Ma dernière lettre, écrite en décembre, vous parlait des largesses divines répandues sur nous à l'occasion de Noël. Une fois de plus nous avons expérimenté la puissance et l'amour de notre Dieu dans les plus petits détails, de sorte que les désirs de nos enfants ont presque tous été exaucés. Les paquets envoyés par nos *Etoiles* furent distribués la veille de Noël à nos chers enfants dont la joie était sans bornes. A quatre heures, nous célébrons un culte dans notre petite chapelle, après quoi tous les hôtes de Friedenshort (sauf les malades alités) se réunissent dans la grande salle de nos Sœurs où se trouve un sapin gigantesque dont le sommet touche le plafond.

Puis la belle et chère histoire de Noël, vieille et pourtant toujours nouvelle, est récitée et chantée par les enfants, avant la courte causerie de notre Pasteur qui termine notre soirée. C'est ensuite notre privilège de recevoir chaque petite famille dans les différentes chambres de Noël fermées à clef. Elles entrent la figure rayonnante et trouvent leurs cadeaux. Des cris de joie et de bruyantes exclamations se font entendre: « C'est tout juste ce que je désirais! » « Petite Mère, venez voir ce que mon Etoile m'a envoyé! » « Oh! oh! oh! » Quelle chose touchante que la vue de ces enfants célébrant avec tant de joie la fête du divin Enfant, leur Sauveur né pour eux à Bethléem, et vers lequel ils font monter des chants de reconnaissance et d'amour.

C'est toujours une grande déception pour nous quand notre chère Sœur Eva ne peut fêter Noël avec nous. Cette année elle a dû rester dans sa chambre, alitée par un grave refroidissement. Pour elle aussi, la déception était grande. Comme compensation nous avions la joie bien rare d'avoir deux de nos Sœurs Missionnaires en Chine: Sœur Johanna et Sœur Marguerite. Après 12 ans d'absence, combien elles étaient heureuses d'être au milieu de nous.

Une Anglaise me disait un jour qu'elle ne pouvait oublier le charme d'un Noël chez nous. « La dinde et le plum-pudding » ajoutait-elle, ne pourront jamais me faire oublier les chambres éclairées par les bougies du sapin, ni les groupes d'enfants circulant en procession tout en chantant. Quels beaux cantiques répétés par ces fraîches voix enfantines. C'est un vrai régal de les entendre ».

Chez nous, Noël se fête jusqu'au jour de

l'An. Nous rallumons alors notre sapin vert pour la dernière fois, puis nous nous séparons de lui non sans regrets. Oui, Friedenshort est un séjour de joie, de bonheur et de chants. Un ami a dit en Angleterre qu'il rapportait de chez nous un joyeux souvenir, mais « sans comprendre comment on peut y vivre avec une nourriture aussi frugale ! ». La bonne mine de nos chers enfants est la meilleure réponse à la remarque de notre ami, elle proclame qu'ils sont bien nourris.

Nous devons des remerciements particuliers aux chers amis « quakers » qui nous ont si généreusement aidés à pourvoir aux besoins de nos enfants. Nos cœurs ne sont pas moins reconnaissants envers tous ceux qui nous ont envoyé un chèque pour acheter à nos Sœurs de la nourriture fortifiante. Une ancienne amie croit que nous nous oublions pour donner tout aux plus petits, et elle nous a envoyé un chèque pour acheter du beurre et du lait « *pour les Sœurs* ». Un frère d'Amérique a par trois fois commandé à un marchand de notre voisinage de nous envoyer du beurre. Impossible d'énumérer tous les précieux dons que nous recevons presque chaque jour. Hier encore nous avions la joie de déballer sept caisses venant d'Amérique, remplies de vêtements et de nourriture fortifiante. Une lettre nous annonce la prochaine arrivée d'aliments venant de Philadelphie. Cette ville reste vraiment bien pour nous la cité de « l'amour fraternel ».

Mais revenons à nos Sœurs missionnaires. C'est en 1912 qu'une première escouade de quatre Sœurs partit pour Kweichow. L'une a dû revenir pour raison de santé, et les 3 autres ont été à deux doigts de la mort. Mais Dieu dans Sa Grâce les a rétablies. Sœur Frieda qui était très affaiblie a pu retourner en Chine, en 1923, après deux ans de congé. Sœur Handa l'accompagnait, et Sœur Marie qui a travaillé longtemps aux Indes les a rejointes.

L'histoire de l'œuvre parmi ces tribus est miraculeuse. Un des principaux pionniers était un M. Adams que Dieu a rappelé à Lui. C'est lui qui avait loué pour nos Sœurs, à Tating, la première petite maison chinoise en 1915. Maintenant elles y ont un vaste établissement comprenant une salle d'évangélisation et plusieurs autres maisons, y compris un foyer pour les « Sans-Foyer ». Elles ont eu la joie de baptiser quatorze cents convertis dont plusieurs travaillent comme évangélistes dans différentes stations. Les affamés sont nombreux dans cet immense pays et la famine y fait d'innombrables victimes.

Une ou deux fois par an des conférences religieuses réunissent jusqu'à six cents personnes. L'année dernière leur nombre s'est élevé à mille. On en profite pour faire venir un missionnaire de la station voisine qui est à six jours de distance. Il préside les cultes et il baptise les nouveaux convertis. Humainement parlant, la grande difficulté est la question financière. Ne possédant aucun fonds spécial, nous n'avons d'autre ressource que d'exposer nos besoins au Seigneur qui subvient à tout d'une manière merveilleuse.

Dans ma dernière lettre je vous disais que la chère Mission Intérieure en Chine est généreusement venue au secours de nos Sœurs pendant les terribles années de la guerre qui les avaient séparées de toute communication avec la Maison Mère. Dès lors d'une manière ou d'une autre, le Seigneur ne les a laissées manquer de rien. Maintenant il s'agit « d'allonger nos cordages et d'affermir nos pieux », car nous espérons leur envoyer bientôt trois nouvelles ouvrières qui accompagneront les Sœurs Johanna et Marguerite. Une église de Portland, aux Etats-Unis, et une autre amie de Nébraska, ont pris à cœur de pourvoir aux besoins de deux missionnaires. Nous, les Sœurs de Friedenshort, nous espérons pouvoir soutenir Sœur Johanna. Nous ne possédons rien, mais notre Père céleste nous fournit souvent des fonds pour donner en Chine et ailleurs. Nous vivons ainsi dans un état de dépendance bénie vis-à-vis de Celui qui est le Fidèle et le Véritable. Sœur Handa est soutenue par les « Etoiles » de sorte que nous ne pouvons que bénir Dieu et prendre courage.

Un appel de Chine est venu de Canton par la mission de Hébron entretenue presque entièrement par des amis de la Californie. On nous a demandé d'y envoyer deux de nos jeunes Sœurs, ce que nous espérons faire l'automne prochain. C'est une grande joie pour nous d'être dans la main de Dieu un arbre fertile dont les rameaux dépassent la muraille. Priez pour nous afin que les racines puissent plonger de plus en plus profondément dans la source éternelle de la vie divine.

Notre Friedensort s'agrandit rapidement. Nous formons une famille de cinq cent soixante dix Sœurs. Nos cœurs ont soif d'une augmentation correspondante de la puissance du Saint Esprit parmi nous. L'histoire de l'Eglise est pleine d'avertissements concernant des Institutions qui tout en étant agrandies extérieurement avaient décliné intérieurement. Nous sommes reconnaissantes au Seigneur de nous garder par notre pauvreté qui nous maintient dans une complète dépendance de notre Père Céleste ! Nos enfants eux-mêmes réalisent que si le mal vient obscurcir leurs jeunes vies, ils n'ont plus le droit de s'attendre à des dons matériels. Nous avons constaté dans certains foyers où les biens temporels manquaient, et où de réels besoins se faisaient sentir, que la cause en était due à quelque péché caché. Il suffisait que ce péché fût confessé et abandonné pour que la bénédiction revienne. Ces expériences-là sont pour nous une plus grande preuve de la réalité et de la sainteté de notre Dieu, que tout ce que nous pourrions lire dans les meilleurs livres.

Et dans d'autres occasions, lorsque nous sentons que notre vie de foi victorieuse s'est affaiblie, nous sommes humiliées par quelque nouvelle preuve de Son fidèle Amour. Cela nous stimule à plus de sérieux moral. Nous n'en sommes qu'à l'*A*, *B*, *C*, de l'école de la foi et ces paroles nous confondent souvent: « Si vous aviez de la foi comme un grain de sénevé »!... Cela nous fait l'effet d'un chèque que nous n'avons pas encore encaissé.

Maintenant j'ai l'impression qu'il y en a parmi vous qui ne comprennent pas encore très bien ce qu'est notre « *Union d'Etoiles* ». C'est tout à la fois une sorte d'union d'enfants qui forment une « Union Biblique », et une Union pour les orphelins du Docteur Barnardo, fondues en un tout, car c'est une chose excellente de *prendre* dans ces diverses œuvres ce qu'elles ont de meilleur. Mais je m'exprime mal. C'est plutôt comme dans la *Case* de l'oncle Tom, quelque chose qui a poussé, qui a grandi. Cela a commencé par deux enfants de trois et quatre ans, frère et sœur, puis s'est développé jusqu'à englober toute une foule de garçons et de fillettes de tous les âges, qui deviennent les amis et les protecteurs de nos enfants. Ces jeunes « Etoiles » font mon bonheur, quoique je ne puisse guère m'en occuper ; nous avons deux jeunes Sœurs comme secrétaires de cette partie de notre œuvre.

Nous appelons *Journées Etoilées* les réunions des divers groupes. Quoique nous ne puissions nous voir que bien rarement, nous nous aimons tendrement. Il va sans dire que cela nous donne un travail de correspondance considérable. La majorité de nos « Etoiles » ne sont pas simplement des noms sur un registre, en effet, mais bien des personnalités vivantes qui nous confient leurs peines et leurs joies, leurs tentations et leurs luttes. Presque chacun de nos enfants a son Etoile pour amie. C'est touchant d'observer ces amitiés et parfois de lire leurs lettres. Mais ce n'est pas seulement des lettres que nos enfants reçoivent. A Noël, ainsi qu'à leurs anniversaires, leurs Etoiles ne les oublient pas. Représentez-vous la joie d'un enfant, jadis sans foyer, et qui, encore, à présent, n'a que nous au monde, lorsqu'arrive une lettre ou un paquet à son adresse. Dans le vaste monde en dehors de Friedenshort, il y a donc quelqu'un qui m'aime et pense à moi, se dit-il.

Si l'Allemagne nous fournit des Etoiles, l'Amérique, la Suisse, la Hollande, l'Angleterre, et même l'Inde, nous en fournissent aussi. Ajoutons que chaque Etoile s'intéresse à une de « nos missionnaires ».

En ce moment nous avons des enfants en surabondance. On nous dit souvent qu'il en sera toujours ainsi ; que malgré toutes les maisons que nous pourrons encore ouvrir, il n'y aura jamais assez de place pour tous les enfants sans foyer. Ce n'est guère consolant pour nous. Il y a tant de pauvres déshérités pour lesquels il faut que nous trouvions de la place. Grâce à Dieu nous n'avons encore jamais dû refuser un seul cas de véritable dénûment. Si nous étions obligées de le faire, nous n'en dormirions sûrement pas. Toutefois c'est un vrai problème de savoir où les caser. Notre « *Pays du Soleil* », le sanatorium de nos enfants, qui comprend la famille des bébés, fut organisé dès le début pour recevoir 46 enfants. A présent il y en a près de 70 que nous avons réussi à caser assez confortablement. Malgré leurs différentes infirmités, ils forment une heureuse famille. La Sœur Blanchisseuse a pris avec elle deux bébés et sa tâche demande beaucoup de dévouement. Comme ils ont atteint l'âge où ils peuvent courir un peu partout, elle devra les remettre à une autre famille pour en prendre deux autres plus jeunes.

Le Bureau des « Homes » a aussi son bébé, et comme il nous est venu une demande urgente en faveur d'un petit garçon, je me suis adressée en désespoir de cause, à notre Sœur Jardinière qui habite au bout du jardin ; ce serait un home idéal pour un petit garçon de vivre au milieu des poules et des chèvres. En montrant à notre Sœur, dans l'enfant qu'elle prendra, un futur jardinier, ce ne fut pas chose difficile de la décider, car elle a un cœur tendre. Elle n'a posé qu'une condition, c'est que le petit Conrad ne portera pas les vieux vêtements de nos autres enfants. Cette manifestation d'amour et de fierté maternelles nous amusa. Ce même jour, dans divers paquets qui nous arrivèrent nous trouvâmes un joli petit costume vert pâle et une paire de petits bas de la même couleur, de sorte que notre heureux gamin saute maintenant partout, comme une véritable grenouille verte. Il nous amuse tous et risque bien d'être l'enfant gâté de Sœur Jardinière. Le cœur de notre petit Conrad soupirait après

une balle élastique ; nous lui en donnâmes
une en tricot qui, hélas ! ne sautait pas. Heureusement un paquet contenant un ballon en
caoutchouc qui sautait à merveille arriva
d'Amérique ce jour-là. Dieu pense à tout,
même à réjouir un enfant.

En ce moment nous avons ici un jeune
garçon qui a perdu confiance dans les êtres
humains. Il a été tellement maltraité ! Cela
fait mal de voir ses regards méfiants. Son pénible état d'âme fait contraste avec celui de
nos autres chers petits, si confiants et si affectueux. Nous avons peu d'enfants qui aient
été maltraités. C'est plutôt la misère et la
faim qui nous les amènent.

La pensée de fonder une demeure pour les
hommes nous préoccupe. Nous avons bon
nombre de maisons, dans diverses parties de
l'Allemagne, qui nous ont été données pour
en faire des « foyers d'enfants ». Elles ont
souvent besoin de réparations et même d'a-
grandissement. Or plus d'une fois un jeune
frère nous a offert gratuitement ses services.
Quand nous pensons à tout le travail de me-
nuiserie que l' « oncle Karl » a fait dans différents Homes, nous sentons qu'une aide pareille est précieuse. Il y a aussi un jeune élec-
tricien qui nous a aidées à établir la lumière
électrique dans plusieurs de nos maisons. Un
maçon nous a offert ses services. D'autres

s'offriraient à nous si nous pouvions les recevoir. Ce qui nous manque, c'est une maison qui servirait de quartier-général pour
abriter nos aides quand ils seraient inoccupés. Ils vivraient là sous la surveillance d'un
« *Frère aîné* ».

Il y a quelque temps je recevais une lettre
d'un de nos « Etoiliens », de Berlin, qui est
à la tête d'un groupe. Il exprimait le regret
que les jeunes gens ne pussent pas nous aider
dans l'œuvre auprès des enfants. Nous lui
répondîmes que nous serions au contraire
souvent reconnaissantes d'une aide et d'une
influence masculines parmi nos grands garçons. La difficulté est de savoir comment
mettre en pratique cette excellente idée. Que
Dieu nous éclaire et nous inspire.

Pour le moment le jeune Etoilien et l'un de
ses amis ont accepté de venir nous rendre
visite à Friedenshort à Pâques pour causer
avec nous de tout cela. En entendant vague-
ment parler de ce projet, notre excellent pasteur fut consterné. Nous l'avons consolé en
lui disant que nous ne songions pas encore
à mettre ce projet à exécution. Alors sa
frayeur s'est évanouie dans un bon sourire,
car cet homme est un trésor.

Il y a quelques années, notre ancien pasteur vint à moi tout troublé. Sœur Annie,
me dit-il, quand Sœur Eva aura mille en-

fants, efforcez-vous d'arrêter l'augmentation des « Homes » ; ce sera le moment. Je lui répondis que sa requête arrivait trop tard, car Sœur Eva avait déjà annoncé que lorsque le chiffre de mille serait atteint, elle se réjouissait d'en commencer un second mille. Non, je ne crois pas être destinée à mettre une limite aux actes de foi, mais à suivre le Seigneur en étant une fidèle collaboratrice de *Sœur Eva*.

Nous sommes toutes deux persuadées que le mot *croissance* est synonyme de *vie*.

Nous sommes préoccupées du besoin de construire pour nos grands garçons sans travail. Il n'est pas bon d'avoir dans un Home deux ou trois jeunes gens inoccupés. Pourtant quand ce sont de nos anciens garçons et qu'ils ne savent où aller, nous ne pouvons les abandonner lorsqu'ils sont momentanément sans place. Un Foyer de ce genre aura besoin d'une direction masculine, car à des enfants de cet âge il faut plus qu'une Mère. Il faut un homme qui les dirige dans le travail des champs ou d'un jardin. Ce projet vient-il de Dieu ? Si ce ne sont que nos pensées et nos désirs, ils s'évanouiront d'eux-mêmes, mais si ce sont réellement les pensées de Dieu, nous voulons être à ses ordres pour agir. Qui veut prier avec nous à ce sujet ?

Nous avons fait cet hiver une innovation d'un nouveau genre, en donnant des « soirées populaires ». Comme nous vivons au milieu de nationalités mêlées et de confessions diverses, les efforts d'évangélisation ne sont pas aisés. Pourtant Sœur Eva aime tendrement son village natal. Il lui rappelle tant de souvenirs précieux. C'est ici que, toute jeune fille, elle s'est consacrée au service de Dieu. Mais elle a souvent souffert de constater que « nul n'est prophète en son pays. » Elle est aimée partout ailleurs et Dieu se sert puissamment d'elle excepté au village où les gens se tiennent de plus en plus à l'écart...

L'idée lui est venue, cette année, de faire entrer l'Evangile dans le cœur de ces gens par le moyen du *chant*. C'est ainsi que, de temps en temps, nous leur avons donné des « soirées populaires » dans notre grande « salle des Sœurs. » On réunit les différents chœurs dans la Galerie, et la salle se remplit de gens en l'honneur desquels on donne des récitations et des chants. Les enfants jouent un rôle important dans ces soirées; leurs chants sont particulièrement appréciés. Nous organisons quelquefois une espèce de procession d'enfants portant tous des bougies allumées et chantant des cantiques. Les fillettes aveugles lisent dans leurs Bibles, en Braille, et les chœurs, accompagnés par divers instruments, chantent le message biblique. Nous choisissons chaque fois des cantiques et des récitations se rapportant à un sujet spécial; par exemple: « Home, cher home » ou bien: « Les besoins terrestres et les bénédictions célestes », « La Paix », « L'Avent », « Noël », « l'Epiphanie ». Vers le milieu de la soirée, Sœur Eva donne une petite causerie. Le résultat de ces soirées est encourageant. Un des auditeurs disait en s'en allant qu'il n'irait plus au cinéma, mais toujours à Friedenshort, « où c'était bien plus intéressant ». Un autre répétait en descendant l'escalier qu'il se sentait un autre homme. Nos Sœurs qui travaillent dans le district comme Sœurs visitantes recueillent aussi des échos réjouissants. Beaucoup tendaient la main à la sortie pour recevoir un Evangile de Jean. Au moment où notre provision de cet Evangile était épuisée, il nous arriva une lettre d'une chère amie anglaise, nous annonçant l'envoi d'un gros paquet de ces Evangiles. Elle n'avait pas la moindre idée que nous en avions besoin. Et d'autre part, voici qu'une somme d'argent nous arrive, à présent, de l'Institut Biblique de Californie, pour acheter des Evangiles de Jean... Quelles preuves Dieu nous donne qu'Il connait nos besoins.

Pendant que j'écris ces lignes nous recevons des Indes un livre de Amy Carmichael.

Ce sont des témoignages de croyants qui font les mêmes expériences que nous en marchant dans le même chemin de foi. Comme nous, ils s'attendent à Dieu seul pour les besoins matériels. Toutes ces expériences de prières exaucées nous ont fort réjouies.

Laissez-nous vous raconter une petite histoire concernant les frais de voyage occasionnés par nos visites pourtant si nécessaires à nos différents homes. J'ai plusieurs fois voulu la raconter dans une de mes « circulaires » mais j'hésitais toujours parce que c'est *si intime*. Je vous la donne donc cette fois à vous qui comprenez que c'est uniquement à la *Gloire de Dieu*.

C'était en juin 1922. J'entrai dans notre bureau la veille de notre départ. Nous devions être absentes plus longtemps que d'habitude, pour visiter nos Homes en Prusse, au Mecklembourg, au Brandenbourg et au Holstein, c'est-à-dire dans presque tout le nord de l'Allemagne. Sœur Eva était partie en avant pour une petite réunion de famille chez sa sœur; j'étais restée pour tout mettre en ordre, et expédier les bagages. Une feuille de papier nous assurait la demi-gratuité du voyage. Je vins au bureau et Sœur Caroline me demanda combien il nous fallait. C'était au moment où les prix montaient rapidement. Elle m'offrit deux mille marks. C'était trop peu. Cependant la caissière ne paraissait pas disposée à me donner davantage. Je partis donc avec mes deux mille marks. En plaisantant, je lui dis que je ferais partout des dettes. A peine avais-je quitté le bureau que cette pensée me vint: « Nous n'avions pas à prendre cet argent du voyage dans la caisse des fonds généraux. Dieu ne peut-Il pas nous le donner directement? » Comme Friedenshort était une « fondation » et avait des revenus suffisants avant la guerre, nous avions toujours pris ce qu'il nous fallait pour voyager dans la caisse des « frais de voyage ». Mais depuis la chute du mark, cette caisse était vide. Que fallait-il faire? Dieu nous appelait-il à un nouvel *acte de foi?* Nous levâmes les yeux vers Lui en lui demandant de nous montrer Sa volonté. Après avoir visité un de nos Homes en Silésie, je rencontrai Sœur Eva et nous passâmes ensemble la nuit dans la maison où elle avait été reçue, chez une chère veuve entourée de ses nombreux enfants. Quand la révolution éclata en Allemagne elle déclara avec son optimisme habituel que sa famille avait toujours formé une libre République et pourtant que tout y avait toujours bien marché. Une république ayant à sa tête une « Mère » dont le moindre désir est respecté par ses grands fils, quel idéal !

Le lendemain matin, comme je traversais

le corridor, j'entendis appeler. Je me retournai et je vis la comtesse S., qui venait vers moi et qui me dit, en me glissant une enveloppe dans la main: « Annie, mets cela dans ta poche, c'est pour le voyage de Sœur Eva et le tien ». Nous avions souvent fait des séjours dans cette maison hospitalière, mais la comtesse S. n'avait jamais eu l'idée de nous faire un don de ce genre. En nous rendant à la gare je racontai la chose à Sœur Eva dont le visage s'illumina comme cela lui arrive à chaque nouvelle preuve de la fidélité de Dieu. Elle me dit que tante Lenchen lui avait aussi donné une somme pour notre tournée. Bref, nous avons pu voyager pendant deux mois, non seulement en ayant tous nos frais payés, mais en distribuant vingt mille marks aux divers Homes que nous avons visités. Bien plus, nous avons eu la joie de rendre à notre caissière, une somme double de celle qu'elle nous avait donnée pour partir. Et tout cela sans que personne pût se douter des *directions intérieures* de Dieu à notre égard. Sont-ce là de simples coïncidences?

L'année passée nous sommes allées en Thuringe et après une autre longue tournée de visites, nous assistâmes à une conférence où se trouvait une chère amie américaine, que nous ne connaissions encore que de nom, mais que nous apprîmes à connaître et à aimer.

Un jour elle nous demanda si nous ne pourrions pas aller à la conférence de Blankenburg. Nous lui répondîmes que c'était impossible, car nous avions plusieurs autres hommes à visiter dans l'Est de l'Allemagne. Après le déjeûner Mrs E. vint dans notre chambre à coucher et nous fit don d'une somme destinée à nos frais de voyage. « Qui vous a donné l'idée de nous faire ce don ? » lui dis-je. Elle me répondit qu'elle avait *senti* qu'elle devait le faire, qu'une voix lui répétait: « Donne aux Sœurs de l'argent pour leur voyage ». « J'avais d'abord pensé que ce serait pour Blankenburg, mais puisque vous ne pouvez y aller, ce doit être pour la Poméranie ». Ici encore il n'est pas possible de voir une simple « coïncidence », ou un cas de « télépathie » puisque nous n'avions pas même encore pensé à ces frais de voyage.

Nous y voyons clairement la bonne main de notre Dieu qui envoyait d'avance cet argent à ses enfants, Lui qui seul savait qu'elles avaient fait un pas de plus dans le chemin de la *foi*.

Cet argent arrive toujours à temps, quoique parfois juste au moment du départ, mais toujours accompagné de ces mots: « Pour frais de voyage. »

Ces expériences bénies me rappellent les bontés de ma chère mère. Dans ma jeunesse, elle garnissait ma bourse en y mettant toujours un petit extra. En voyage, disait-elle, on ne sait jamais ce qui peut arriver. Il n'est pas étonnant que la louange jaillisse de nos cœurs quand nous comprenons que notre tendre Père, Lui aussi ,nous donne toujours *au-delà* de nos besoins, de sorte que nous pouvons souvent aider encore quelqu'un en voyage, ou prendre avec nous une Sœur fatiguée qui pourra se reposer un peu dans le Home que nous allons visiter. Oui, Son Nom est l'*Admirable.*

Mais il faut que je m'arrête pour ne pas vous fatiguer. Mardi nous comptons rencontrer tante Lenchen à la frontière polonaise. Dieu l'a merveilleusement portée au dessus de ses difficultés, ne permettant pas qu'elle garde la moindre amertume envers ceux qui lui ont enlevé l'œuvre qu'elle chérissait. Elle accepte cette épreuve avec soumission comme la tenant de la chère main de Celui qui est au-dessus de toutes les puissances, et elle en retire une grande bénédiction. Elle va retourner en Allemagne avec vingt de ses chers enfants, car ceux qui sont nés dans les territoires cédés à la Pologne sont polonais et doivent y rester, ce qui est dur pour elle et pour eux. Elle a fait son possible pour remettre son home à un digne successeur. Dans ce but, tante Lenchen a vendu toute cette belle propriété avec la ferme et les outils aratoires, le bétail, etc... pour un prix dérisoire, à condition que les enfants qu'elle a dû laisser là-bas aient un bon Home aussi longtemps qu'ils en auront besoin. Ses lettres sont admirables ;elle ne se plaint de rien, mais rend gloire à Dieu pour tout. Nous espérons la rencontrer à la frontière et l'accompagner jusqu'à la station où elle s'embarquera pour son Home dans le Nord.

Et maintenant, je m'arrête. Je ne sais trop ce que penseront de cette épître les amis éloignés, car j'ai commencé à écrire ces lettres-circulaires uniquement pour un petit cercle d'amis qui s'est peu à peu élargi et compte à présent près de deux cents lecteurs et lectrices. Comme on m'a priée de ne rien changer à ce style *familier*, vous ne m'en voudrez pas si je continue à causer tout simplement avec vous.

Juin, 1925.

Avant de quitter Friedenshort pour quelques semaines, je désire vous envoyer des nouvelles qui vous aideront à prier et à rendre grâce avec nous. Nous nous réjouissons beaucoup de voir bientôt quelques-uns d'entre vous, car Sœur Eva et moi avons reçu une invitation pour la Convention de Keswick. Il est probable que nous rencontrerons un bon nombre de nos amis à Londres, ou à

Keswick, ou en voyage. Ces derniers mois ont été plus chargés que de coutume, ce qui nous fait soupirer toutes deux après ce festin spirituel qui sera en même temps un repos d'esprit.

Notre dernière lettre vous donnait des nouvelles de nos cinq chères Sœurs missionnaires en Chine, à la veille de leur départ. Elles sont arrivées à Shanghaï. Deux d'entre elles devaient partir de Hambourg. Nous avons eu à Pâques des réunions d'adieu chez nos amis de Suisse, avec les autres qui se sont ensuite embarquées à Gêne. Ces journées ont été vraiment bénies, et remplies de la joie de la résurrection. Nous pensions accompagner ces sœurs jusqu'à la frontière italienne, et passer avec elles les trois dernières journées à Lugano, puis nous décidâmes de les accompagner jusqu'au bateau où nous retrouvâmes les deux jeunes sœurs parties par Hambourg. A Lugano, nous avons de nouveau joui de l'affectueuse hospitalité suisse au Home des diaconesses. Quand nous voulûmes payer notre note, on nous assura qu'elle était déjà réglée. Le pasteur suisse de Gênes vint nous chercher à la gare et nous fûmes reconnaissantes de trouver quelqu'un qui parlait l'italien. Il avait retenu des chambres pour nous dans un hôtel; l'une d'elles que nous avons partagée, Sœur Eva et moi, donnait sur une cour intérieure. Malgré la chaleur, nous fûmes obligées de tenir la fenêtre fermée à cause des mauvaises odeurs. Ce manque d'air nous empêcha de dormir. Nous nous levâmes de grand matin pour aller respirer l'air pur en laissant les autres Sœurs dormir tranquillement. Nous nous assîmes sous les palmiers.

Puis nous allâmes à la découverte du bateau qui allait emmener nos missionnaires. Bientôt nous aperçûmes le bonnet blanc d'une Sœur flotter sur le pont. Ensuite un joyeux cri retentit: « Mère, Mère ! » et nous vîmes ledit bonnet courir le long du pont, descendre les escaliers et arriver au bord de l'eau. Je ne pus m'empêcher de dire à la Sœur qu'elle avait tout l'air de vouloir suivre l'exemple de Pierre quand il se jeta à l'eau pour aller vers le Sauveur. Bientôt nos deux bateaux s'accostèrent et nous fûmes dans les bras l'une de l'autre. C'était Sœur Louise. Elle courut à sa cabine chercher de la monnaie italienne pour payer le batelier. Sœur Marie nous dit ensuite que Sœur Louise s'était précipitée vers elle en s'écriant: « Voici Sœur Eva et Sœur Annie ». C'en fut assez ; en un clin d'œil elle était sur le pont. Elle nous dit plus tard qu'elle n'aurait jamais cru pouvoir enfiler ses vêtements si rapidement, car elle était encore couchée. Tout l'équipage et tous les passagers semblaient partager notre joie. Nous apprîmes ensuite que ces chères sœurs s'étaient fait aimer de tous ; et mieux encore, qu'elles avaient répandu la bonne odeur de Christ. Elles avaient rendu un fidèle témoignage à Dieu, tout en restant douces et modestes.

Après avoir déjeûné à bord, nous nous souvînmes des trois sœurs laissées à l'hôtel. Nous y retournâmes en triomphe avec nos deux Sœurs comme butin, et nous trouvâmes les trois autres qui se demandaient ce que nous étions devenues... C'est le lendemain, dans l'après-midi qu'eut lieu le dernier adieu. Entre temps, nous avions passé des heures inoubliables de prière, de paix, de joie sans nuage en la présence même de notre Dieu. Ces moments bénis chassèrent de l'âme de notre jeune Marie les derniers restes du mal du pays. Comme le vaisseau levait l'ancre et s'éloignait lentement, nous entendîmes les voix de nos cinq Sœurs qui chantaient le beau cantique: « Qu'il fait bon à ton service, Jésus, mon Sauveur. » Nous agitâmes nos mouchoirs en montrant le ciel où le Seigneur est Lui-même le trait d'union entre elles, en Chine, et nous, en Silésie.

Ensuite nous traversâmes rapidement la Suisse, visitant en passant nos Sœurs de Zurich qui soignent dans un Home les pauvres malades de la tête. Puis nous passâmes la frontière près de Schaffouse où nous fûmes reçues dans la maison si hospitalière du frère Josué dont je vous ai déjà parlé. Nous fîmes ensuite une courte visite à « Liebenzell » qui relève de la Mission dans l'Intérieur de la Chine. Nous y passâmes de belles heures. Deux de nos jeunes membres de l' « Union des Etoiles » se sont offerts comme candidats pour cette mission, ce qui nous réjouit. En Saxe nous avons organisé une « *Journée* » pour toutes les Sœurs dispersées dans cette province, et que nous n'aurions pas eu le temps de visiter individuellement. Ces rencontres nous procurent tant de joie. Nous sommes ensuite allées inspecter une œuvre nouvelle que Dieu nous a confiée à Leipzig. Pour finir nous avons encore assisté à une conférence de pasteurs qui avait lieu dans notre Home de « Warteberg », un des plus grands de tous nos orphelinats. On nous demande de plus en plus nos différentes maisons pour y tenir des « Camps d'été » et des « Conférences », ce qui apporte une bénédiction à toutes nos maisons. Il y avait à cette conférence deux jeunes pasteurs, pleins de vie et de feu, qui, sur notre demande, nous racontèrent l'histoire d'un beau réveil qui avait éclaté dans chacune de leurs paroisses.

Après un court arrêt de dix jours à Friedenshort, nous repartions pour le camp de nos « Etoiliens » à Warteberg. Ils y étaient soixante-dix, dormant sur la paille, dans les salles d'école. C'était à Pentecôte et nous sentîmes le souffle d'En Haut parmi nous. La réunion d'actions de grâce qui termina ce temps de repos fut un témoignage rendu à ce que Dieu avait fait parmi eux. Puis nous retournâmes à Friedenshort où nous eûmes une conférence de 8 jours pour des Diaconesses appartenant à d'autres Homes. Ce sont les Directrices de ces Homes qui nous l'avaient demandé. Un des dangers de la vie des Diaconesses est d'avoir la réputation de vivre et d'être mortes. Bien des Homes souffrent de l'esprit de ces Sœurs âgées. Cette conférence était un essai. Viendraient-elles ou non? Seraient-elles réceptives? Nous avions beaucoup prié, et il en vint de quarante à cinquante. Quelques-unes confessèrent plus tard qu'elles étaient venues à contre-cœur. Sans entrer dans les détails, nous pouvons dire que l'amour de Christ se fit sentir avec tant de puissance que toutes les barrières tombèrent et qu'en comparant l'expression de leurs visages à leur départ avec celle de leur arrivée, nous ne pûmes que bénir le Dieu des miracles.

Nous eûmes un jour le plaisir de recevoir notre cher ami, le professeur Pilcher, de Toronto. Il ne serait pas content, je crois, si je vous racontais tout ce que nous lui devons, de sorte que nous ne pouvons le remercier que dans nos cœurs.

A l'heure où je vous écris, nous venons de terminer quelques réunions pour mes anciennes fillettes devenues grandes, qui gagnent maintenant leur vie dans le « vaste monde ». Il en vint cinquante; après nos entretiens avec elles et nos réunions, nous ne pouvons que bénir Dieu et prendre courage.

Certes, il vaut la peine de se consacrer au Seigneur pour sauver ces précieuses vies d'enfants pour le temps et pour l'éternité. Elles sont toutes retournées à leur divers postes, fortifiées, encouragées, décidées à être plus fidèles que jamais.

Que de choses je pourrais vous raconter. Que de prières exaucées, que de secours au moment du besoin. Nous bâtissons en ce moment une grande maison qui commence à s'élever au-dessus du sol. Le culte au cours duquel nous avions posé la première pierre fut vraiment un « cri de la foi ». Depuis lors, jour après jour, notre Dieu se montre le Fidèle et le Puissant. Il nous fournit chaque semaine de quoi payer les salaires de nos maçons, ainsi que la quantité nécessaire de briques et de mortier. Nous les aidons nous-mêmes dans la mesure de nos forces, à transporter les matériaux en demandant sans cesse au Seigneur que ces mots: « *Sainteté à l'Eternel* », qui seront la devise de cette maison, se réalisent déjà pendant la construction. Sœur Eva a invité aujourd'hui tous les ouvriers à un *café joyeux* afin d'entrer en contact plus intime avec eux avant leur départ.

En ce moment les nouvelles de Chine nous inquiètent beaucoup. Le nuage noir qui plane sur ce pays sera-t-il dissipé quand vous lirez ces lignes, ou bien sera-t-il devenu plus menaçant ? La situation est grave et il semble que le bolchevisme russe en soit la cause. Nous levons les yeux vers Celui qui règne et qui peut calmer les flots agités. Le psaume deux est précieux à nos cœurs en ces temps troublés et nous nous attendons à notre Dieu !

Lettre de Sœur Marie, missionnaire en Chine

Le 8 septembre 1925 restera longtemps une date mémorable pour nous. Vers cinq heures trente du matin, Sœur Louise me réveilla en disant: « Levez-vous vite, il y a des brigands qui arrivent ». Je n'eus que le temps de me frotter les yeux et de réveiller miss Craig, lorsqu'en effet nous vîmes sept hommes, armés jusqu'aux dents, qui venaient vers nous en courant. En quelques secondes ils furent sur notre bateau. Ils nous firent ouvrir nos malles, couper les cordes, et ils prirent tout ce qu'ils voulurent. Sauf quelques draps de lits tout neufs, ils n'emportèrent que des objets de peu de valeur. Puis ils sautèrent sur le rivage en ordonnant au batelier de les suivre pour nous empêcher de continuer notre voyage; nous comprîmes qu'ils allaient revenir. En effet, quelques heures après ils arrivaient de nouveau. Cette fois ils étaient en nombre et plus entreprenants, ils nous ordonnèrent de quitter immédiatement le bateau. Les Sœurs Johanna et Marguerite purent rester et nous autres dûmes partir après avoir pris nos Bibles et nos chapeaux. Nous restâmes, par un soleil brûlant sur un rocher près de l'eau, pour attendre les évènements. De temps en temps les brigands appelaient l'une de nous pour nous ordonner d'ouvrir les malles dont nous avions les clefs. Quelquefois trois d'entre eux s'attaquaient à la même malle et cela si brutalement que nous nous hasardâmes à leur dire en chinois: « plus doucement ». Cela les faisait rire et calmait un peu leur furie, mais ne les empêchait pas de nous voler justement ce que nous désirions garder. L'un d'eux m'avait pris mon portefeuille en cuir, contenant mon passeport et tous mes papiers. Je m'efforçais de lui expliquer en allemand, en anglais et en chinois qu'il fallait me le rendre. Alors il me le jeta à la figure. Il y eut des incidents si comiques que nous ne pouvions nous empê-

cher de rire. Ayant caché dans ma bouche
ma bague de consécration comme diaconesse,
je n'osais pas l'ouvrir trop grande. Ils avaient
demandé celles des Sœurs Johanna et Marguerite, mais ils les leur rendirent ensuite.
N'ayant pas de poches, ils fourraient dans
leurs ceintures tous les petits objets qu'ils
nous prenaient: lunettes, brosses à dents, ca-
nifs etc... Mais dans leur hâte, ils en laissèrent tomber que nous fûmes ravies de retrouver dans la paille.

Ils avaient un faible marqué pour les essuie-mains, et voulaient savoir l'usage de
plusieurs objets qui leur étaient inconnus. Ils
s'approprièrent, entre autres, une superbe
couverture de voyage, toute neuve, une montre, une paire de lunettes en or, des draps de
lit et tous les essuie-mains qu'ils trouvèrent,
sans parler d'une masse d'objets plus petits
qui nous manqueront plus tard.

Après tout, ils ne nous ont pas complètement dépouillées; nous sommes reconnaissantes pour tout ce qu'ils nous ont laissé,
et surtout de ce qu'ils n'ont pas gardé l'une
de nous comme otage pour obtenir de l'argent. Enfin le chef de la bande sonna du cor
et ces aimables voleurs nous exprimèrent leur
regret de nous avoir dérangées en emprun-
tant quelques-uns de nos objets, puis ils s'é-

loignèrent à la hâte, nous laissant respirer plus librement.

Nous remerciâmes Dieu de Sa divine protection ; Il avait tenu ces hommes en respect en ne leur permettant pas de nous faire plus de mal. Tous ces événements nous apprennent à souffrir joyeusement la perte de nos biens par amour pour notre Sauveur.

Nous ne pûmes continuer notre voyage avant midi. En remettant notre bateau en ordre, nous eûmes la joie de retrouver bien des objets que nous avions crus perdus. Les Sœurs Johanna et Marguerite nous racontèrent quelques épisodes si amusants de leur rencontre avec ces messieurs que nous en fîmes de bons rires.

(*Sœur Marie*)
Noël 1925.

Voici de nouveau Noël qui s'approche. Puisse-t-il vous apporter plus de joie et de bénédictions que jamais. Cette lettre ne contiendra qu'une seule histoire de Noël, car il n'y a pas longtemps que je vous ai écrit. Il s'agit du « Nid des Rouges-Gorges. »

Depuis bien longtemps les enfants de cette famille soupiraient après un harmonium. Cela semblait incroyable, et plusieurs fois leur « Mère » se demandait si elle devait favoriser ce désir et ces prières si ardentes. Il y avait tant de besoins plus urgents que celui-là. Elle

leur dit un jour: « Mes enfants, je trouve qu'il
y a d'autres choses bien plus nécessaires. »
Mais la petite Maria lui dit en la regardant:
« Oh! Petite Mère, je trouve un harmonium
très nécessaire »; vous ne savez pas ce que
c'est que d'entendre les « Hirondelles » jouer
et chanter le soir, et nous, nous ne le pouvons
pas. Maria aime beaucoup la musique et
chante le mezzo-soprano et le contralto très
juste, quoiqu'elle n'ait que onze ans. Petite
Mère sourit sans rien ajouter. Et Maria dut
se contenter de continuer à prier pour que
Dieu leur envoie un harmonium. Maintenant,
écoutez comment Dieu a exaucé la prière et
récompensé la foi d'une enfant: Quelques jeunes filles apprirent que les « *Rouges-Gorges* » (1) avaient un vif désir d'avoir un harmonium, et elles se mirent à envoyer de petites sommes pour l'achat d'un instrument.
Comme les dons commençaient à arriver peu
à peu, la Petite Mère écrivit à une fabrique
d'harmoniums, à Barmen, pour demander
les prix et si, peut-être, ils n'auraient pas un
instrument d'occasion.

Au lieu de recevoir la liste des prix, elle
reçut, à sa grande surprise, une lettre l'in-
vitant à attendre jusqu'en novembre et à
envoyer alors la somme recueillie, si petite
fût-elle, car le directeur de la fabrique se fe-

____
(1) C'est le nom d'une famille d'enfants.

rait un plaisir d'offrir à ces Rouges-Gorges un de ses meilleurs harmoniums, comme cadeau de Noël. La Petite Mère en fut absolument renversée, et vint me raconter cette touchante histoire. Elle est encore jeune et cela faisait du bien de voir sa figure rayonnante à la pensée de la joyeuse surprise de ses chers oisillons. « Nous cacherons l'harmonium jusqu'à Noël et nous avons seulement dit aux enfants qu'ils auraient une surprise la veille de Noël. Ils sont très excités mais il n'y a que la petite Maria qui est sûre que ce doit être l'harmonium tant désiré. Une autre fillette lui répondit: Mais Maria, sais-tu bien qu'un harmonium coûterait plus de 400 marks? Et celle-ci de répliquer: Et si c'était mille marks, qu'est-ce que cela pour le Seigneur Jésus?

Bienheureuse foi enfantine! elle fortifie la nôtre et nous permet de passer le seuil d'une nouvelle année avec une joyeuse confiance.

Lettre de Sœur Johanna de Tating (Chine)
Mars, 1926.

Chers amis qui priez pour nous,

Il y a si longtemps que nous ne vous avons écrit que vous attendez sans doute de nos nouvelles? C'est avec une vive reconnaissance que nous avons appris votre intercession pour nous pendant notre long voyage, et que vous avez béni Dieu de nous avoir amenées saines et sauves à notre lointaine station. Merci pour votre fidèle intercession. Depuis notre arrivée, bien des semaines se sont écoulées et nous sommes extrêmement occupées. Il y a près de trois ans que nos chères Sœurs sont à l'œuvre sans répit; il a fallu leur accorder un congé. Il y a les Ecoles Bibliques à diriger, ce qui est le seul moyen d'entrer en contact avec les convertis et de les faire croître dans la connaissance de l'Evangile. Nous avons eu de 80 à 90 femmes et jeunes filles pendant quinze jours, et plus tard environ 50 hommes pendant trois semaines, ce qui est bien court, mais la saison était déjà avancée. Pendant les réunions pour femmes, les Sœurs Marguerite et Wanda allèrent commencer le travail dans une ville voisine à Pi-chieh. J'espère que vous aurez de leurs nouvelles directement et qu'elles vous raconteront leurs expériences. Ouvrir une ville païenne à l'Evangile signifie d'abord faire un acte de foi, puis continuer à prier avec persévérance. Ne voulez-vous pas les soutenir par vos prières?

La famine règne encore, malgré quelques récoltes; mais les conditions économiques sont déplorables. Tant d'années de grandes souffrances ont refroidi le zèle des Eglises, et les soucis de la vie ont amené beaucoup d'indifférence. Mais pensez-vous que vous et moi nous pourrions supporter sans faiblir toutes ces épreuves? Quelques chrétiens ont été pillés trois fois au cours de l'année écoulée.

Un jour, cinq chrétiens, avec leur évangéliste, arrivent chez nous d'une station lointaine. Ils entrent vêtus de toile à sac, après avoir marché deux jours. Ils se reposent en attendant leur repas tandis qu'autrefois tous nos voyageurs apportaient leurs vivres. Deux autres arrivent d'une autre direction et nous racontent leur histoire, leurs épreuves, car ils sont venus exprès pour chercher la consolation, le secours et les prières dont ils ont besoin. L'un d'eux a perdu son père, et le jour de son ensevelissement des voleurs lui ont pris sa seule vache. Il est venu dans la pensée d'emprunter la nôtre pour labourer son champ. Après une longue discussion, nous devons lui refuser sa demande, mais alors il faut lui donner au moins vingt dollars pour l'aider à faire labourer son champ. Enfin, après avoir encore considéré la chose avec les sœurs, nous décidons de lui prêter notre vache pour l'amour de Jésus. Et les cinq autres, que viennent-ils nous dire? L'un d'eux a une sœur dont le mari s'est noyé dans le fleuve. Il laisse quatre petits enfants. Sa famille, qui est païenne, lui a fait un procès et les frères du mari ont dû payer 170 dollars. Ajoutez tous ces ennuis au chagrin de leur deuil. Puis un vieillard s'assied devant nous ; il nous raconte que sa femme est morte de faim l'année dernière, qu'il n'a rien pour les semailles et qu'il ne sait que faire. C'est enfin le tour de l'évangéliste de nous confier ses difficultés, et nous terminons par quelques exhortations, par des encouragements et par la prière. Nous voyons ensuite un autre homme debout devant la porte. Nous savons que son histoire est très triste, et ses yeux se remplissent de larmes lorsqu'il termine en s'offrant à travailler pour nous: sa femme est presque aveugle depuis 8 ans, ils ont cinq petits enfants. Que faire?

Chers amis, voilà l'emploi d'une matinée entière. Comme on souffre de voir tant de misères ; mais aussi quelle joie de pouvoir consoler ces pauvres cœurs.

Notre orphelinat abrite 80 enfants. Les derniers venus sont une veuve païenne et ses 8 enfants qui nous sont arrivés après l'incendie de tout ce qu'ils possédaient. Il fallait bien les garder. Puis une veuve chrétienne avec 2 petits enfants ; sa mère qui est sorcière voudrait l'entraîner, et elle a grand besoin de notre protection.

Des quantités d'enfants affamés et de mendiants viennent tous les jours demander un peu de grain. Ah! mes amis, vous pouvez être reconnaissants de ne pas vivre en Chine, et surtout dans cette province, mais vous ne sauriez rester sourds à l'appel douloureux de ces millions qui ont besoin de vos prières.

Les grandes causes de cette misère sont: 1° l'opium, 2° les querelles entre les généraux qui sont à la tête de l'armée. 3° la liberté qu'on laisse aux brigands et aux voleurs. 4° le pillage des moissons. Il n'y a de sécurité nulle part.

Priez pour que Dieu remédie à ce triste état de choses, et que son règne de justice puisse s'établir. Demandez lui de fortifier tous ses serviteurs dans ce pays, de manière à ce que nous puissions chanter ensemble les versets 17 à 19 du chapitre 3 d'Habacuc.

Votre reconnaissante en Christ:

Sœur Johanna.

Haute-Silésie, Août 1926.

Bien chers amis,

Un chant de joie a jailli hier de nos cœurs et nous voulons vous faire partager cette joie. Voici ce dont il s'agit. Vous savez que nous bâtissons une maison, et comme elle sera plutôt grande, ce n'est pas une petite affaire. Quelques-uns de ceux qui liront ces lignes nous ont aidé par leurs dons, mais le dernier incident remplira vos cœurs à nouveau de louange et d'adoration pour ce Dieu qui consent à abaisser ses regards sur la terre, qui entend le cri de ses créatures et ouvre sa main pour enrichir ses enfants.

Vous savez que nous avons pour principe de ne jamais faire de dettes. Nous devions nous procurer une centaine de fenêtres, avec doubles-fenêtres, car nous avons des froids terribles en Haute-Silésie. Quand nous les avons commandées, l'argent était entre nos mains: 5000 marks. Mais, comme il arrive souvent quand on bâtit, il y eut des frais inattendus; les dons cessèrent d'affluer comme auparavant; bref, quand les fenêtres arrivèrent, la somme qui leur était destinée avait dû boucher d'autres trous. Ce fut une dure épreuve pour notre foi. En voyant ces fenêtres alignées dans notre maison vide, il nous était impossible de nous réjouir comme nous aurions voulu le faire. C'était un beau travail, mais la question qui se posait était celle-ci: Sont-elles peut-être trop grandes ou trop belles? Les avons-nous commandées sans réfléchir suffisamment? Aurions-nous dû nous contenter d'une marchandise moins chère? Notre constructeur tient à ce que tout soit solide, mais nous pensions qu'il s'était laissé entraîner à les faire *trop solides, trop belles*. C'est ce qui nous angoissait le plus. Notre Père céleste est-il peut-être mécontent de nous?

Toutes ces questions se dressaient devant

nous, tandis que nous songions à no-
tre caisse vide. Pour résoudre cette difficulté,
nous avons eu la pensée de payer ces fenêtres
avec la somme reçue pour acheter notre provision de pommes de terre pour l'hiver. Elles
étaient *commandées*, mais seulement pour la
fin d'octobre. Peut-être le sentiment de n'a-
voir pas l'approbation de notre Père, nous
poussa-t-il à vouloir nous tirer d'affaire par
nous-mêmes. Alors nous fîmes de nouveau
l'expérience que nos pensées ne sont pas les
pensées du Seigneur. De petites sommes commencèrent à affluer, et à nous remplir de reconnaissance ; il nous semblait que c'était la
preuve de l'approbation de notre Dieu. Et
voilà que hier même, il nous arrive une lettre contenant un chèque qui couvrait à peu
près le montant de notre dette. Nos cœurs
en étaient tellement émus que nous ne trouvions pas de paroles pour exprimer notre joie.
Malgré mon âge je courus vers Sœur Eva, le
chèque à la main. Elle était dans le pavillon
du jardin, occupée à dicter des lettres, mais
elle avait entendu mon cri de joie longtemps
avant de me voir. Quant à moi je ne pus que
m'écrier: « Il n'est pas nécessaire de prendre l'argent des pommes de terre, Dieu nous
l'a envoyé. » Je n'ai pas besoin d'ajouter
que notre premier sentiment fut la reconnaissance et l'adoration qui montèrent immé-

diatement vers notre Dieu. En revoyant hier soir notre lignée de fenêtres, nos cœurs bondissaient de reconnaissance et d'amour. Oui notre Dieu est bien toujours le Dieu du miracle.

Je veux reprendre le fil de ma causerie là où j'en étais restée en mai, et continuer ma narration des événements.

Ma dernière lettre-circulaire datait de la veille de notre départ pour Harteberg, où nous devions rejoindre un camp de vacances de l'Union des Etoiliens. Ce camp nous a laissé un souvenir béni. Mais au premier abord il semblait que toutes les vagues et tous les flots de la mer allaient passer sur nous. Les uns après les autres, des messagers de malheur nous arrivaient comme les messagers qui vinrent vers Job. D'abord, nous avons dû nous passer de Sœur Eva, ce qui n'était pas peu de chose. Puis une dépêche arriva qui nous apprit la défection d'un autre appui sur lequel je comptais. Le chef de l'Union des Etoiliens, se trouva subitement empêché de venir. Nous dépendions de lui, non seulement pour plusieurs réunions, mais encore pour traduire un ami anglais. La troisième déception fut qu'un autre chef étoilien dut renoncer à venir, ses enfants ayant pris la rougeole.

C'était bien le moment de nous rappeler

l'exhortation du roi David quand les vagues et les flots menaçaient de l'engloutir: « Pourquoi t'abats-tu au dedans de moi, ô mon âme? Espère en Dieu car je Le louerai encore ». La Petite Mère de la Warteberg, Sœur Frida et moi, nous nous regardâmes en souriant et en disant: Nous allons sans doute recevoir de grandes bénédictions, puisque *Dieu seul* nous reste.

Nous écrivîmes à l'ami dont les enfants avaient la rougeole pour l'assurer que nous n'avions aucune peur des microbes, si ses enfants n'étaient pas trop malades pour qu'il pût les laisser. Il se décida à venir et nous pûmes bénir notre Dieu pour Son puissant secours. C'est un homme qui respire et inspire la joie et la force quoique sa vie renferme des souffrances et des sacrifices journaliers. Ce sont *les siens* qui sont ses *ennemis*. Sa belle-mère dépend complètement de lui, tout en étant opposée à tout ce qui est religieux. Il est presque incroyable qu'elle puisse pousser si loin la persécution. Malgré cela on ne l'entend jamais murmurer. Il porte joyeusement ce lourd fardeau. C'est sans doute cette croix qui l'a mûri si tôt. Dieu s'est admirablement servi de lui parmi nos quatre-vingt-dix jeunes gens. Entre les réunions on le voyait toujours seul avec l'un ou l'autre d'entre eux, ayant des entretiens de cœur à cœur.

Ce camp a eu d'utiles résultats, car le dernier soir nos Etoiliens se partagèrent en deux bandes pour aller « porter à d'autres ce qu'ils avaient reçu. » Ils purent ainsi évangéliser les deux villages voisins. Cela n'alla pas tout seul dans le premier village, car ils ne purent obtenir que la salle d'auberge où la réunion fut plutôt mouvementée du fait de la présence d'un cochon et d'autres distractions. M. G., l'ami dont nous avons parlé, présidait. Après avoir déclaré qu'il n'avait rien à dire, il parla pendant trois quarts d'heure. Il avait à peine commencé qu'un profond silence s'établit dans la salle ; on fit sortir le quadrupède, et tous écoutèrent avec une profonde attention. Dieu avait créé ce silence pour pouvoir parler à ces âmes. Le lendemain nous partîmes tous, non sans regret.

Avant de quitter Warteberg il faut que je vous raconte une belle histoire concernant la fidélité de Dieu. C'est Sœur Frieda qui me l'a contée. Elle avait passé par une épreuve de plusieurs mois. La Warteberg a une centaine d'hôtes à nourrir, et ils n'avaient parfois que la nourriture nécessaire pour une seule journée, les dons ayant été plus rares que de coutume. Souvent il fallait prendre

au village les provisions pour le souper, faute
d'argent pour payer des commandes plus importantes en ville. Mais, ajouta Sœur Frieda,
avec son sourire radieux, nous n'avons jamais manqué d'un repas. Une nouvelle épreuve nous attendait. Quand on ouvrit les sacs
de pommes de terre commandées, on s'aperçut qu'elles étaient gâtées. Quelle perte pour
nous, car elles constituent l'essentiel de notre nourriture. Nous étions alors en mars.
Bien des mois devaient s'écouler avant que
notre champ de pommes de terre pût nous
fournir la provision d'été. Sœur Frieda fit
demander à un fermier du village s'il
en avait à vendre et à quel prix? Peu
de temps après, elle fut à la fois étonnée et inquiète d'entendre décharger des pommes de terre dans la cour. Elle crut que le
fermier avait pris sa question pour une com-
mande et elle dut lui expliquer qu'elle ne pouvait pas le payer maintenant. Il répliqua que
cela ne pressait pas et qu'elle les paierait le
1er mai, de sorte qu'elle se décida à les garder, dans la conviction que Dieu lui enverrait
la somme nécessaire au moment voulu. Toutefois elle ne put rien mettre de côté dans ce
but; elle n'avait que juste pour les dépenses
journalières, et cet état de choses dura jusqu'au 30 avril.

Pendant les derniers jours du mois,

les sœurs s'étaient sérieusement exami-
nées pour voir si tout était bien en règle
vis-à-vis de Dieu. Elles se rappelèrent alors
qu'elles avaient dû renoncer à envoyer la dîme habituelle au Home de Holthansen à cause de la pauvreté de la caisse, et elles décidè-
rent alors d'y consacrer une somme de 90
marks qui venait d'arriver. Cette nouvelle
m'alla au cœur. Avec une note de 300 marks
à payer, donner comme dîme 90 marks qui
venaient d'arriver, c'était héroïque. Cela dut
toucher aussi le cœur du Père Céleste qui
voyait ses enfants si résolus à connaître Sa
volonté et à l'accomplir à tout prix. Le soir
du 30 avril, toutes les sœurs se réunirent
pour prier ensemble, quoiqu'elles l'eussent
fait chaque jour, et pour intercéder d'une manière toute spéciale. Elles sentaient qu'il y
allait de l'honneur de leur Dieu, car tout le
village sait que Warteberg dépend de Dieu
seul pour tous ses besoins ; puis elle allèrent
se coucher, Lui laissant le soin de les tirer
de peine.

Le lendemain matin, le fils du fermier arriva vers 9 heures apportant la note. Sœur
Frieda lui dit qu'elle ne l'attendait pas si
tôt, mais qu'elle lui remettrait l'argent dans
le cours de l'après-midi. En l'entendant parler avec tant d'assurance, j'étais dans l'admiration d'une si grande foi, et vous ne serez

pas surpris d'apprendre que cette foi ne fut
pas déçue. On va tous les matins chercher
le courrier à la poste. Ce jour-là on y alla
plus tôt que de coutume.

Dans l'après-midi arriva la somme de 304
marks, dont 300 pour la note à payer, et quatre pour compléter le souper. Dès lors les
dons ont recommencé à affluer, et cette
épreuve est passée. Mais c'est un merveilleux
enrichissement que de passer par une pareille expérience. Il y aura une note de moindre importance dont je vous parlerai plus
tard.

De là, je partis pour Grünau où se trouve
notre Home du « *Jardin deDieu* ». C'est là
que vivent deux familles d'enfants, les *Roses*
et les *Lys*. En chemin je pus encore visiter
une de nos nouvelles stations dans un village où une jeune Sœur de Friedenshort as-
sume les devoirs de Sœur Visitante avec l'aide d'une jeune fille, et ceux de maîtresse
d'un *jardin d'enfants*. Elles y vivent une vie
toute parfumée de la bonne odeur de Christ.

A Breslau je rencontrai Sœur Caroline qui
était venue me parler de différentes choses,
puis nous partîmes pour Grunau. Nous y allions visiter la mère d'une jeune sœur qui
est depuis entrée dans nos rangs. Comme
elle ne verra pas ces lignes, je puis vous dire
qu'elle est un don précieux que Dieu nous

a fait. Elle est aussi humble que capable.
Tout en étant persuadée de son incapacité,
elle est prête à obéir humblement à tout ce
que Dieu lui commandera. Elle est membre
de notre Union des « Etoiles » et c'est à l'un
de nos camps qu'elle a entendu le premier
appel de Dieu. Comme nous avons veillé sur
l'épanouissement de ce bourgeon et sur celui
d'une de ses amies. Voulez-vous prier pour
que cette jeune plante puisse fleurir et porter du fruit à Sa Gloire?

Cette visite m'a fait toucher du doigt quel
sacrifice font ces mères en donnant ainsi leurs
trésors pour le service du Maître.

Nous arrivâmes à Gruneau par une pluie
battante, de sorte que nous ne vîmes les enfants qu'en entrant dans la salle où ils nous
reçurent en chœur par ces paroles: Dieu vous
bénisse! Dieu vous bénisse! Quel joli tableau
que ces fraîches figures pleines de santé.
Après leur joyeuse bienvenue, ces fillettes
vinrent nous raconter un tas de choses inté-
ressantes, et il fallut qu'en premier lieu j'ail-
lasse admirer le nouveau four à pain. Et cela
en valait la peine, car il avait coûté cher.
Mais le jour même où arriva la note, l'argent
arriva par le même courrier. Et la première
enveloppe que nous ouvrîmes contenait l'argent et non la note, de sorte que la chère
Petite Mère n'eut pas un instant d'inquié-

tude. Ce ne fut là qu'un des nombreux ac-
cords de ce chant de joie ; plusieurs autres
formèrent un vrai « Te Deum » d'harmonie
divine.

De là je me rendis à Breslau, puis à l'ile
de Brugen. Sœur Eva s'y trouvait déjà avec
tante Lenchen et une autre Sœur veuve. Sur
le quai de la petite gare, tante Lenchen m'attendait les bras grands ouverts, et nous eûmes ensuite bien des choses à nous raconter.
Nous passâmes d'heureuses semaines de repos dans ce bon air tonique des côtes de Rügen. La mer, les rochers, les bateaux à voile,
quel délice pour un cœur anglais... Car nous
avons l'amour de la mer dans le sang, nous
autres Anglais, et même si l'air de Rügen
n'est pas aussi salin que celui de la Grande-
Bretagne, il nous donnait cependant un sentiment de fraîcheur et de liberté dont nous
avions un réel besoin. Un des attraits de cette
côte, c'est qu'il y a des arbres sur la plage,
de sorte qu'on peut s'y asseoir à l'ombre, loin
de tous les regards, quand on veut être seul.

En quittant ce coin si paisible, et avant
de faire une tournée de visites à plusieurs
de nos Homes, nous allâmes trouver tante
Lenchen dans son Home d'enfants situé sur
la côte nord du pays. Là encore on peut dire
que le désert fleurit comme la rose par les
soins magiques de l'amour, car tante Len-

chen est admirablement douée pour le jardinage, et quoiqu'elle ne soit plus jeune, non seulement elle dirige tout le travail, mais elle en prend sa large part. Elle dit que lorsque ses rhumatismes la chicanent, elle prend une bêche en main et s'en va travailler dans le champ de pommes de terre toute une journée, ce qui lui fait plus de bien qu'un bain de vapeur. (Le père de cette famille, von Tiele Winkler, qui était un vrai spartiate, a élevé ses enfants dans ces principes).

Si tante Lenchen est dure pour elle-même, elle ne l'est pas pour les autres qu'elle soigne avec un amour débordant. La paresseuse Sœur Annie, en sa qualité d'Anglaise, recevait chaque matin dans son lit sa tasse de thé préparée par tante Lenchen. En quittant ce bienheureux séjour, une « auto » nous conduisit à notre prochaine destination et quand nous voulûmes protester contre cette dépense, elle nous assura qu'elle avait un brave ami qui aimait fournir des autos... Nous savions bien que ce brave ami serait dûment remboursé. Quand à *elle-même* elle n'a jamais le moyen de s'accorder des douceurs pareilles, mais elle peut toujours en accorder à d'autres.

Nous fîmes ensuite une heureuse tournée de visites dans nos Homes, entre Vernigrode et Berlin, où nous assistâmes à une « Con-

vention de Foi » qui dépend de la mission
russe. Nous y fîmes la connaissance d'un professeur russe qui parla remarquablement sur
le retour de Christ. Il va venir à Friedenshort prochainement avec Mrs Howe comme interprète. Il y a dans le mysticisme russe
quelque chose qui remue profondément nos
âmes.

Nous avons visité près de Wernigrode une
grotte merveilleuse de stalactites et stalag-
mites. Oh ! la grandeur et la majesté de Dieu
dans toutes ses œuvres. Puis nous partîmes
pour Hambourg où nous devions participer
à un camp de nos Etoiliens, dans un de nos
Homes. Cette fois, c'était pour jeunes filles
seulement. A Magdebourg nous eûmes un lé-
ger contre-temps. Le train qu'on nous avait
indiqué n'existait pas. Sœur Eva écoutait
tranquillement la discussion entre le chef de
gare et moi, se demandant comment elle se
terminerait. En examinant la liste des trains,
qu'un ami nous avait préparée, nous découvrîmes qu'il n'avait pas remarqué le trait
noir qui soulignait ce train. Tout était expliqué. Le chef de gare nous conseilla de faire
une autre fois notre horaire de voyage nous-
mêmes, et nous nous séparâmes bons amis.
Cette erreur eut un bon résultat, sans
doute voulu de Dieu. Nous fûmes cordialement accueillies dans un Home de la ville te-

nu par des diaconesses dont la directrice désirait, depuis des années, faire la connaissance de Sœur Eva. Elle avait déjà entendu parler de Friedenshort et sa joie fut grande de le connaître mieux.

Le lendemain nous voyageâmes quelques heures avec une veuve dont le cœur avait grand besoin de consolation. Quand elle apprit, au moment de nous quitter, qu'elle avait voyagé avec Sœur Eva qu'elle désirait depuis longtemps rencontrer, sa joie faisait du bien à voir. Dieu avait sans doute aussi arrangé cette rencontre, en réponse à notre prière, car nous Lui demandons au matin de chaque voyage de nous diriger quant au wagon à prendre et de nous donner des occasions de Le servir. Puis nous arrivâmes à Hambourg et à Hoïsdorf où le « camp » devait se tenir. Nous eûmes d'abord une « Journée de diaconesses » pour toutes les Sœurs travaillant à Hambourg et dans les environs. Afin que toutes pussent y venir, nous avions fait un programme de deux journées.

Notre camp d' « Etoiliennes » en réunit cinquante, et nous sentîmes la puissance de Dieu et Sa présence au milieu de nous. Hélas ! nous sentîmes aussi la présence de l'Ennemi, mais grâce à Dieu ce fut Sa Lumière qui triompha des ténèbres et plusieurs de ces jeunes âmes furent libérées. Nous n'aimons pas à parler de ces choses sacrées ; nous les mentionnons seulement dans l'espoir que nos amis se sentiront poussés à prier pour ces jeunes converties qui ont ainsi échappé aux chaînes du modernisme. Nous avons vu le Dieu d'amour à l'œuvre dans ces cœurs.

Le Home dont il faut absolument que nous vous entretenions encore est celui de nos « *Violettes* ». Ces enfants avaient été placés dans un appartement mis à notre disposition par une chère amie de Berlin. Puis cette amie se trouva, par des difficultés de famille, obligée de reprendre cet appartement. En attendant de leur trouver un autre Home, nous plaçâmes ces fillettes dans une maison près de la mer, vis-à-vis de l'île de Rügen, mais ce ne pouvait être que provisoire, quoique nous ayons pu depuis y installer une famille de « *Coraux* ». Une sœur mariée de la Petite Mère des « *Violettes* » nous offrit de les recevoir dans sa maison qui n'est pas très grande, mais les enfants désiraient tellement rester avec elle que nous conclûmes l'affaire. Peu après, la « Commission des appartements » vint inspecter cet immeuble et déclara que le Département de l'Hygiène ne pouvait permettre à autant d'enfants d'habiter dans une si petite maison. Le mari et la femme prirent alors la décision de construire une nouvelle maison, en y employant toutes leurs économies. De cette manière, les enfants jouissent maintenant d'un charmant Home, bâti tout exprès pour eux, et des plus confortables.

Comme nos cœurs étaient pleins de reconnaissance envers ces braves amis, si simples et si dévoués qui avaient ainsi accompli un véritable sacrifice. « Nous n'avons pas d'héritier, dirent-ils, et quand l'un de nous mourra, l'autre aura le droit de finir ses jours dans le Home et ensuite les enfants en hériteront. » Ce n'est d'ailleurs pas tout: Dans leur appartement, ils avaient reçu un homme et sa femme ayant besoin d'un changement d'air et de soins. Ils leur avaient donné leur unique salon comme chambre à coucher, pour tout l'été. Ces chères âmes entendront sans doute un jour la parole du Seigneur: « En tant que vous avez fait ces choses à l'un de ces plus petits de mes frères, c'est à moi que vous l'avez fait ».

Nous voici rentrées dans notre cher Friedenshort. En ce moment, nous terminons une réunion pour les « Sœurs Petites Mères ». Il fait si bon nous entretenir librement des problèmes difficiles de l'éducation des enfants. Cette Conférence avait été précédée par un « camp » de quarante jeunes filles, élevées à Friedenshort et placées ici et là pour gagner leur vie. Nous avons eu aussi un service de consécration pour de jeunes diaconesses, précédé d'une semaine de cours préparatoires.

C'est ainsi que s'enfuient rapidement les jours et les mois au joyeux service de Celui que nous aimons.

Nous avons reçu de Chine de bonnes nouvelles de notre Mission et de nos Sœurs. Notre petite Sœur Marie Schmidt a été à deux doigts de la mort, par suite d'une sévère attaque de typhus. Grâce à Dieu, cette jeune vie a été épargnée. Elle est maintenant convalescente.

A Pi-chiech, la nouvelle station, on va de l'avant; on a pu acheter un terrain et la maison se construit. Cette station a traversé les douleurs de l'enfantement. Les débuts de l'œuvre sont très intéressants. Nos Sœurs Marguerite et Wanda arrivèrent là-bas avant Noël. La première demeure qu'elles purent se procurer ressemblait plus à une étable qu'à un cottage. Quand j'appris ces détails je me dis que l'enfant de Bethléem devait leur sembler bien près d'elles puisqu'elles marchaient sur ses traces le jour même de son anniversaire. Elles devaient bien mieux sentir sa présence que ceux qui fabriquent des étables de Bethléem d'une splendeur qui évoque tout plutôt que ce qu'elles prétendent représenter. Ce que Papini a écrit à ce sujet a jeté une nouvelle lumière pour moi sur l'humble étable de Bethléem. « Lui, le Sauveur, la pureté incarnée, a dû entrer en contact dès sa naissance avec les souillures de la terre. L'étable dans laquelle il est né n'est-elle pas une image de nos cœurs souillés qu'Il est venu transformer en temples du *Dieu vivant* par Sa Présence? » L'Evangile nous raconte qu'Il *toucha* le lépreux, qu'Il but et mangea avec des publicains et des pécheurs. C'est bien quand nous suivons Ses traces que nous sommes en communion avec Lui. Si nous l'imitions plus fidèlement, nous devrions aussi visiter les étables et les bourbiers d'ici-bas.

En terminant, encore une petite histoire qui pourra vous intéresser. Il y a quelque temps, nous eûmes la visite d'un Rabbin auquel nous fîmes les honneurs de Friedenshort. Avant son départ, il vint dans mon bureau en disant: « Ma Sœur, j'ai cru jusqu'ici que Dieu seul pouvait créer quelque chose avec rien, mais je vois qu'ici vous en faites autant. » Nous lui répliquâmes que sa première pensée était juste, car Dieu seul peut *créer*, mais que nous sommes heureuses d'avoir le Créateur au milieu de nous et qu'Il peut se servir de nous pour créer, pourvu que nous le laissions se servir de nous. Il nous visita le jour même où Dieu avait pourvu à nos pressants besoins. Je le lui racontai ainsi que l'histoire de la fondation du Home pour les « Sans-Foyer », avec un capital de 5 marks. Il parut profondément touché et nous quitta en promettant de revenir. Nous sommes toujours heureuses quand Dieu se sert de notre Friedenshort comme d'un témoignage rendu à Sa puissance miraculeuse.

Un autre rabbin a l'intention de venir aussi bientôt nous voir. Un jeune docteur juif est venu nous rendre visite il y a quelque temps. Il avait entendu parler de notre œuvre et il désirait aller fonder une œuvre philanthropique en Palestine, pour les enfants. Sœur Eva et moi avons passé trois heures avec lui, et pour finir il nous dit d'un air tout triste: « Il nous serait impossible d'entreprendre une œuvre de ce genre, n'ayant pas les ouvriers nécessaires. » — « Il doit bien y avoir des femmes et des jeunes filles dévouées parmi le peuple juif qui se consacreraient à votre œuvre, » lui dit Sœur Eva. — « Peut-être répondit-il, mais ce qui leur manquera c'est *l'esprit* qui vit et qui travaille ici. »

Nous en eûmes le cœur touché et Sœur Eva tâcha de lui expliquer *qui* est l'Esprit. Oh! chers, chers amis, vous dont le cœur a été touché et qui aimez Friedenshort et l'œuvre qui en dépend, demandez à Dieu avec nous qu'Il continue à être notre Tout, et que nous soyons de simples instruments dans Sa main.

Lettre de Sœur Eva

Mars, 1927.

Sœur Annie me prie de terminer sa circulaire. Je suis bien aise d'avoir ainsi l'occasion d'entrer en contact avec les chers amis dont l'aide et la sympathie ont été pour nous une grande source de joie et de reconnaissance. Qu'à Dieu soit toute la gloire.

Sœur Annie désire que je vous parle d'une biographie que j'ai lue dernièrement pendant que j'étais arrêtée par la grippe. C'est une vie d'une rare beauté ; elle a été un encouragement et une véritable inspiration pour moi. Le Seigneur place parfois entre nos mains des livres chargés d'un message spécial pour nous. Ne le pensez-vous pas aussi? Pendant ces semaines de maladie, j'ai eu le privilège de consacrer plus de temps qu'à l'ordinaire à la lecture et à la méditation. Je pris instinctivement dans ma bibliothèque un livre qui s'y trouvait depuis longtemps, mais que je n'avais qu'entr'ouvert. C'est l'histoire en termes concis du réveil de l'ancienne Eglise Morave par le moyen du comte de Zinzendorf, ainsi que du développement de cette communauté pendant les vingt premières années. Ces récits m'électrisèrent. Une génération de héros se dressait devant mes yeux: hommes, femmes, enfants, tous remplis de l'Esprit d'amour, tous brûlants pour Christ, et tous des témoins dont plusieurs devinrent des martyrs, donnant joyeusement leur vie pour le Maître.

C'est en 1722 que débuta ce mouvement remarquable, lorsque les premiers émigrants, venus d'Autriche, arrivèrent dans les possessions du jeune comte Zinzendorf, en Saxe. Il était alors membre du gouvernement à Dresde. Ces émigrants se bâtirent des maisons sur ses terres et le premier village qu'ils fondèrent reçut le nom de Herrnhut (le refuge du Seigneur). Quelques années plus tard — il y a juste 200 ans — après une période de divisions parmi les colons, alors que le diable semblait triompher, Zinzendorf s'efforça, en toute humilité, de ramener à Christ les esprits révoltés.

Le Seigneur Lui-même entendit le cri d'amour et de foi du jeune comte; il y répondit en répandant le 13 août 1727, sur toute la communauté, un puissant baptême du Saint-Esprit. Les frères les plus divisés tombèrent dans les bras les uns des autres, versant d'abondantes larmes de repentance et d'amour. C'est ainsi que commença ce merveilleux réveil, à la fois si réel et si profond. Toute la communauté semblait transformée. Le feu de l'Esprit dévora tous les penchants charnels, ne laissant subsister qu'*une* ambition: celle de glorifier Christ et de le faire aimer. Il n'y avait plus de place pour l'égoïsme et l'amour du moi.

Quoique astreints à de durs travaux, les frères passaient des nuits en prière et soixante-dix s'engagèrent à prier alternativement de telle sorte qu'à chaque heure du jour et de la nuit, la prière s'élevait vers le Seigneur dans les différentes maisons. Ce qui faisait la force de la communauté, c'était la discipline qu'ils s'étaient imposée. Ils étaient divisés en petits groupes dont chacun était surveillé par un des frères les plus avancés spirituellement. La mission de ce frère était d'aider les autres à se développer en leur signalant leurs défauts et en les encourageant à marcher par l'Esprit.

Un cas intéressant est celui d'une jeune fille de quinze ans qui fut élue comme « ancienne » parmi les femmes. Par la bonté de Dieu et grâce à une vie sanctifiée, cette grande responsabilité ne nuisit pas à son âme. Jusqu'à son dernier souffle, elle fût une vraie lumière dont Dieu se servit plus tard comme évangéliste parmi les sœurs d'Amérique. Comme la plupart des membres de cette congrégation, elle était d'humble origine et peignait la laine des moutons pour gagner son pain, tout en s'acquittant de ses importants devoirs spirituels. Il serait trop long d'entrer dans plus de détails quoiqu'on ait de la peine à ne pas mentionner quelques-unes de ces remarquables individualités que le Saint-Esprit put développer par le ministère des « anciens ».

Je vous dirai seulement quelques mots sur celui que Dieu choisit comme leur chef, le comte de Zinzendorf. Il était orphelin et passa ses premières années auprès de sa vénérée grand'mère, de laquelle il reçut ses premières impressions religieuses à l'âge de trois ans. A cinq ans, il sauva le château du pillage en attirant l'attention des soldats sur lui: Debout sur un siège dans la grande salle, il prêchait avec tant d'ardeur devant des chaises vides, que ces rudes soldats s'enfuirent. Plus tard il fut placé dans le grand orphelinat du professeur Hermann Franke, à Halle, où il fonda, à l'âge de dix ans « l'Ordre du grain de sénevé » pour étendre le royaume de Dieu parmi les païens.

A douze ans il composa un poëme, sur le Cantique des cantiques, qui respire une telle profondeur de sentiment et de spiritualité qu'on peut à peine comprendre comment un enfant de cet âge a pu en être l'auteur. Par ses relations, Zinzendorf était tout désigné pour une brillante carrière politique à la Cour de Dresde. Il aurait eu du goût pour cette destinée, car il aimait la vie fastueuse de la noblesse. Mais à l'âge de vingt ans, en se rendant à Paris, il passa par Düsseldorf. Au musée de cette ville, il vit un tableau représentant Jésus-Christ couronné d'épines, et au bas du tableau ces paroles: « Voilà ce que j'ai fait pour toi ; toi, qu'as-tu fait pour moi ? » Ce moment fut décisif dans sa vie. Il se mit au service de son Sauveur avec tout ce qu'il possédait, résolu qu'il était à échanger les gloires de ce monde pour l'ignominie de la Croix et les souffrances de Christ. Quoiqu'il fût obligé d'occuper encore pendant quelques années la position sociale qu'il avait à Dresde, il commença à présider des réunions dans sa demeure, faisant tout son possible pour mettre les âmes en contact avec le Sauveur. De bonne heure, il épousa une femme selon son cœur et selon le cœur dè Dieu qui eut sur lui une excellente influence ; Erdmuthe Zinzendorf avait, comme son mari, la passion de la gloire de Dieu.

Dès que la petite communauté de quelques centaines d'émigrants fut affermie dans la foi, la pensée du monde païen qui périt loin de Christ, commença à remplir le cœur du comte. Dans une de leurs réunions, le jeune Zinzendorf qui avait renoncé à sa position à la Cour, et partageait la vie de la communauté, leur parla des ténèbres du paganisme. Deux jeunes gens s'offrirent alors pour aller porter l'Evangile à ceux qui ne l'avaient jamais entendu. La communauté examina la chose, et au bout d'une année d'attente, de préparation et de prière, ces deux jeunes frères partirent pour les Indes Occidentales d'où la nouvelle de la triste condition des esclaves nègres leur était parvenue par le Danemark.

Quant au comte, il renonça joyeusement au luxe et à tous les conforts de la vie, par amour pour son Sauveur. Son unique message était la croix; jamais il ne se lassa de proclamer la valeur des souffrances de Christ pour notre salut. Il a dit lui-même que son enseignement était basé sur quatre points: 1° La divinité du Seigneur Jésus; 2° La profonde humilité du Fils de Dieu; 3° La rédemption par son sang précieux et 4° comme conséquence du pardon, la possibilité de ne plus pécher.

Vingt ans à peine après la fondation de Herrnhut ces humbles messagers de la croix avaient porté l'Evangile dans quarante pays païens en s'efforçant de gagner des âmes pour Christ.

Le Comte de Zinzendorf rencontra beaucoup de haine et d'opposition, et ses ennemis réussirent même à le dénoncer à la cour de

Dresde. Il fut donc banni de la Saxe, d'abord pour dix-huit mois, et, un peu plus tard, pour dix ans, sans pouvoir revenir dans sa chère communauté de Herrnhut. De son temps il existait une loi défendant aux laïques de prêcher, c'est pourquoi il désira se faire consacrer comme prédicateur dans l'Eglise luthérienne, et plus tard comme évêque de l'Eglise morave qu'il considérait comme un petit sanctuaire au sein des autres Eglises. Il alla plusieurs fois en Angleterre et quelques frères moraves entrèrent en contact avec le mouvement méthodiste, en particulier avec les deux frères Wesley et avec Whitefield.

A travers tous ses écrits et toutes ses prédications, on entend résonner une note unique: celle de l'amour du pécheur racheté pour son Sauveur qu'il suit avec reconnaissance après avoir été purifié et libéré.

Je prie les amis de me pardonner d'avoir tellement allongé la circulaire de Sœur Annie. De l'abondance « du cœur la bouche parle. » Que Dieu vous bénisse tous et qu'Il veuille illuminer nos vies par ce même amour pour Christ, afin qu'elles soient un vivant sacrifice à Sa gloire.

A vous en Christ.

Sœur Eva.

Lettre de Sœur Johanna Rabe
Tating, Chine.

Chers Amis,

C'est une joie pour moi de pouvoir vous envoyer un court rapport sur un long voyage. Nous avons passé vingt et un jours à parcourir la contrée pour le service du Maître qui nous a accompagnées de sa douce Présence. Nous remercions tous ceux qui ont pensé à nous en prière, et vous le louerez maintenant avec nous pour ses merveilleuses directions. C'est le 12 novembre que Li John, Sœur Ruth, notre sœur chinoise et moi, nous partions pour cette entreprise, accompagnés de trois frères chrétiens portant nos draps, nos couvertures et nos valises. Deux garçons conduisaient les chevaux et un troisième avait la charge de les ferrer. De plus, une jeune veuve nous accompagnait pour nous aider en cas de besoin.

Le premier jour, il faisait très beau et c'était un plaisir de voyager. Nous eûmes deux rivières à traverser en bateau, et une haute colline à escalader. Nous passâmes la nuit dans un abri où nous eûmes l'occasion d'annoncer l'Evangile à tous ceux qui vinrent nous visiter. Le lendemain nous gagnâmes un village chrétien où nous passâmes le dimanche, et où nous célébrâmes un culte avec Sainte-Cène. Ces chrétiens nous reçurent avec amour et nous nous sentîmes en famille au milieu d'eux, malgré la simplicité toute *primitive* de leurs logements. Le lundi nous vit partir pour un petit village où ne se trouvent que quelques familles chrétiennes. Le feu avait réduit en cendres la maison de l'un de ces frères; il ne put nous recevoir, mais un voisin, encore païen, eut la bonté de nous prendre chez lui, ce qui nous donna de précieuses occasions d'annoncer l'Evangile. Il *y* avait là un jeune aveugle qui fut très attentif.

Nous désirions arriver à Lai-sr-guau le 17 pour y tenir trois journées de réunions. Un voyage de 12 heures nous y aurait amenés, mais Li John s'écria tout à coup: « C'est ici que vit le vieux Samuel ». A quoi je répondis: « Ne devrions-nous pas le visiter? » Et je décidai d'essayer, quoique cette proposition n'excitât pas un grand enthousiasme. C'était bien le Seigneur qui nous avait inspiré cette résolution.

Ce cher Samuel habite un village de Miaos où les huttes sont construites tout près les unes des autres. Nous fûmes chaleureusement reçus par une sœur en Christ; son mari venait de mourir, ce qui privait le groupe de son chef. Samuel arriva bientôt et je le reconnus tout de suite. Il avait le sourire aux lèvres, mais, hélas! il s'est refroidi spirituellement, s'est laissé reprendre par l'opium et même par certaines coutumes idolâtres. Cependant il nous pressa de passer la nuit chez lui et il nous prépara une chambre en plaçant sur des bancs quelques planches sur lesquelles nous avons étendu notre literie. Il nous servit avec amour et nous ne fîmes pas attention à la poussière ni aux chiffons, à la paille et à tout ce qui laissait à désirer dans cette humble demeure.

Quand nous passâmes dans la seconde chambre, où il y avait du feu, nos regards tombèrent sur la pauvre femme de Samuel, paralysée depuis de longues années et qui éclata en sanglots, ne pouvant exprimer ses sentiments. Pourtant lorsque nous l'entourâmes de nos bras avec amour et que nous nous assîmes près d'elle, elle nous dit: « Il y a si longtemps que je vous attends sans jamais vous voir arriver. Je crois en Jésus et je ne touche aucune nourriture sans Le remercier. A présent vous êtes enfin ici ». Chers amis, vous vous réjouirez avec nous, n'est-ce pas? Nous ne regrettions pas d'avoir obéi à l'impulsion intérieure qui nous poussait à venir dans cette maison. Nous eûmes une longue conversation avec cette pauvre sœur. Nos paroles d'exhortation et d'encouragement lui firent du bien et nous versâmes ensemble des larmes de tristesse et de joie. C'est à ses côtés, auprès du feu, que nous partageâmes le repas que son mari avait préparé.

Nous eûmes, plus tard, une réunion qui attira beaucoup de monde. Les deux chambres étaient pleines. Li John prêcha en miao et en chinois, et la chère sœur Ruth raconta l'histoire du Berger trouvant sa brebis perdue parmi les épines au bord du précipice, et la portant joyeusement dans ses bras. Elle en montra une belle gravure. Il y avait là sans doute, bien des brebis perdues. Qui veut prier pour ce village et surtout pour Samuel afin qu'il brise résolument avec sa vie passée.

Le lendemain nous arrivâmes à notre destination par un chemin détourné. Des amis nous avaient attendus la veille inutilement. On nous prépara une chambre dont la fenêtre consistait en une planche percée de quelques trous, nous l'enlevâmes pour avoir plus d'air et de lumière. Un bon feu réchauffa nos pieds humides et froids; la belle-fille de nos amis nous céda sa chambre. Tous les soirs, un bon nombre de femmes et de jeunes filles venaient nous tenir compagnie et apprendre de nouveaux cantiques, car il y avait sept ans qu'elles n'avaient pas été visitées. Le dimanche nous eûmes près de 180 personnes à la réunion. Une grande pauvreté règne partout dans ce pays qui a eu plusieurs années de famine. Nous eûmes une bonne réunion de prière et Dieu nous accorda une riche bénédiction à nous aussi. Les auditeurs buvaient les paroles de nos évangélistes. Notre sujet était: Actes 20: 17 à 32, le grand programme du service chrétien.

Quand, le jour de notre départ, Li John reprit pour sujet le verset 32, une vraie puissance accompagna son message.

Nous visitâmes ensuite un village à quelques heures de marche, où les anciens de plusieurs églises se rencontrèrent, et une douzaine de chrétiens rendirent un court témoignage. Il fallut aussi régler les comptes. Tout alla bien, et nous pûmes bénir le Seigneur d'avoir si bien aplani nos sentiers.

Nous visitâmes ensuite deux districts où il y avait eu de nombreuses conversions et là se trouvent encore des membres fidèles de notre église. Nous fûmes reçus à bras ouverts à Adjemi et le soir il y avait quelques centaines de personnes dans la chapelle autour de deux grands foyers où d'énormes bûches brûlaient. On y passa des heures à chanter des cantiques et même, après nous être retirées, vers minuit, nous entendions encore de beaux chants. Le lendemain matin Li John nous dit que les hommes avaient tous bien dormi sur la paille, par terre, près du feu. A Mu-shiao-lo nous avions, au contraire, souffert du froid. Au lieu de murs, la chapelle n'a que des planches ; on y brûle du bois vert, de sorte que la fumée nous faisait pleurer copieusement. Les femmes y sont très ignorantes et nous leur apprîmes de nombreux cantiques. Nos deux jeunes Sœurs ont commencé dernièrement l'étude du Miao.

Plus on comprend les besoins de ce peuple, plus on voit l'importance de l'étude de leurs langues. Dieu voulant, une de nos Sœurs étudiera le dialecte I-chia, et l'autre le Miao. Veuillez prier à ce sujet. Elles n'ont fait que la moitié de leurs études en langue chinoise.

A vous de cœur au service de Christ.

Sœur JOHANNA RABE.

L'Amour espère tout, endure tout,
par Sœur Eva

Il doit y avoir près de vingt-cinq ans que M. Heinz se présenta à la porte de la maison pour Hommes à « Sarepta ». La Sœur directrice me fit savoir son arrivée et j'allai lui souhaiter la bienvenue. Mais quel spectacle s'offrit à ma vue. J'avais déjà vu bien des misères, bien des estropiés de tous genres, mais je dus me faire violence pour m'approcher de cette pauvre créature sans trahir ma douloureuse émotion. Je m'efforçai d'accueillir cordialement le nouvel arrivé dans notre demeure, car il venait pour rester avec nous. La souffrance l'avait aigri et presque désespéré, mais le pauvre malheureux se soumit à son sort.

Jamais de ma vie je n'avais vu un être aussi difforme. M. Heinz ne pouvait rester ni debout, ni assis, ni couché. Il était enfermé dans une sorte de cadre en cuir, qui soutenait par des courroies ses membres disloqués; il y était pour ainsi dire *suspendu*, et son cou trop long retenait à peine sa tête qui retombait en arrière. Il avait la figure ravagée par la douleur, et ses grands yeux exprimaient une souffrance intense. Ses poings étaient tellement serrés qu'on avait dû placer dans chaque main une boule en verre pour empêcher les ongles de s'implanter dans la chair. On lui donna un brave frère comme infirmier, et la Sœur Riechen fit tout son possible pour alléger les souffrances de son nouveau malade. J'allais moi-même le visiter presque chaque jour et, peu à peu, je fus heureuse de voir un sourire éclairer son visage. Le pasteur Rahn, chapelain du Home, venait souvent l'encourager et s'occupait de développer sa vie spirituelle.

Petit à petit l'amertume disparut de son cœur et son visage prit un air plus heureux. Jour après jour, vous auriez pu le voir en face de sa grande Bible placée sur une espèce de chevalet. Dans l'une de ses mains, il tenait un long bâton pour en tourner les pages. C'est ainsi qu'il puisait, comme des milliers d'autres, la lumière, l'encouragement et la consolation dans ce livre merveilleux. A mesure qu'il lisait, qu'il méditait et priait, une lumière nouvelle se levait sur son âme. Ce changement graduel était visible. M. Heinz devint aimable et reconnaissant. C'est à peine s'il pouvait exprimer ses sentiments, car les sons qui sortaient de ses lèvres étaient gutturaux et à peine intelligibles. Mais l'expression de son visage était éloquente. De plus, ceux qui étaient souvent avec lui apprirent à comprendre son langage et il leur raconta comment il avait découvert le secret de la vie divine et trouvé la paix du cœur par l'amour de Dieu manifesté en Christ.

Un jour que le pasteur Rahn était venu le voir, M. Heinz lui annonça qu'il avait à lui demander une grâce à laquelle il attachait une extrême importance. Et à grand peine, mais avec un profond sérieux, il lui dit: « M. le Pasteur, le Sauveur a tant fait pour moi, que j'aimerais aussi faire quelque chose pour Lui, afin de lui prouver mon amour et ma reconnaissance. Je n'ai rien à Lui donner, et je ne puis travailler pour Lui. Je ne puis pas même parler pour Lui, car personne ne me comprendrait. Il y a longtemps que je cherche ce que je pourrais bien faire pour Lui et je l'ai enfin trouvé. Ecoutez M. le Pasteur, j'ai un bon frère qui me soigne très bien et m'entoure de tout le confort possible, tandis que vous avez tant de malades qui n'ont personne pour les soigner. Prenez ce frère, envoyez-le soigner quelque pauvre malade isolé et vous me donnerez, à sa place, un alcoolique de Wilhelmsdorf. Quand il verra dans quel état je suis, peut-être qu'il se laissera sauver. » Il s'arrêta, attendant la réponse du Pasteur avec impatience. Celui-ci était profondément ému devant un pareil sacrifice que seuls pouvaient apprécier ceux qui connaissaient la faiblesse sans nom de ce pauvre estropié.

Sa proposition paraissait impossible à accepter. « M. Heinz », lui répondit le pasteur, « songez que vous dépendez entièrement de votre infirmier. Non, non, vous demandez une chose impossible ». Mais M. Heinz ne voulut pas en démordre. Et, décidé à faire ce sacrifice, il remporta la victoire. Nous fûmes obligées de lui accorder sa demande, et nous fîmes venir un misérable buveur de Wilhelmsdorf pour remplacer le frère qui le soignait si bien.

Le pauvre invalide eut tout de suite à souffrir de ce changement, car les mains inhabiles de l'ivrogne avaient de la peine à se faire à leur nouveau travail, et infligeaient ainsi bien des souffrances au pauvre estropié. Celui-ci ne murmurait jamais, restait doux et patient, acceptant tout sans se plaindre. Les yeux brillants de joie, M. Heinz dit un jour: « Je crois qu'il finira par être sauvé ». Et silencieusement il priait pour cette âme qu'il désirait si ardemment amener au Sauveur.

Un jour la Sœur Riekchen se précipita dans ma chambre en disant: « Il est arrivé quelque chose d'horrible. » Et elle me raconta qu'en passant devant la porte de M. Heinz, elle avait entendu des cris de douleur, et qu'en voulant y entrer elle l'avait trouvée fermée à clef. Elle eut beau frapper et crier, ce fut en vain. Elle entendait des gémissements et des appels au secours. Alors, avec la décision qui la caractérise, elle saisit une hache et, enfonçant le panneau du milieu de la porte elle put tourner la clef qui était à l'intérieur et ouvrir. Un horrible spectacle frappa ses regards. L'ivrogne, complètement ivre, était courbé sur le pauvre estropié qu'il battait cruellement. Celui-ci appelait au secours, mais en vain. Dans son indignation, la sœur saisit le buveur et le sépara de sa victime, tout en consolant celle-ci de son mieux, et en la délivrant de sa pénible position. Elle put, quoique encore tremblante, nous raconter ce qui s'était passé. Nous fûmes tous d'avis de renvoyer l'ivrogne à Wilhelmsdorf et de rendre au pauvre estropié le frère qui le soignait auparavant. Mais M. Heinz, à peine remis de son émotion et de sa frayeur, déclara avec un sourire pathétique, qu'il voulait faire un nouvel essai, car dit-il, « je crois qu'il peut encore être sauvé. »

« Vaincues par la puissance d'un si grand amour et d'une si grande foi, nous rendîmes les armes. Dès que le malheureux buveur eut cuvé son vin et reçu une sévère réprimande, il reprit, repentant et humilié, son service auprès de M. Heinz. Ce ne fut pas en vain, car l'amour invincible et la patience du pauvre estropié amollirent le cœur de l'homme si bas tombé. Aussi longtemps qu'il resta auprès de M. Heinz, il fut abstinent et le soigna avec un dévouement touchant. Je l'entendis moi-même déclarer sur la tombe de son ami; « Je lui dois tout. Il a sauvé mon âme. »

Il n'y eut pas de changement dans l'état de M. Heinz. Il avait lu et relu sa Bible d'un bout à l'autre. Quand il lisait le 21ᵉ ch. de l'Apocalypse il semblait boire ces paroles et sa figure rayonnait. Puis soudain vint la fin, sans lutte et sans douleur. Nous avons la joyeuse assurance qu'il contemple à présent la gloire dont la description le réjouissait tant. Il n'a pas vécu en vain. Faible et pourtant fort, pauvre et pourtant riche en Dieu, incapable de faire le moindre mouvement, et pourtant capable d'accomplir un immense sacrifice pour sauver une âme et la placer aux pieds du Rédempteur, il jouit du fruit des souffrances de son Sauveur.

Bien-aimé petit Heinz, comme tu brilleras dans la gloire. Le sacrifice complet de ta vie ici-bas donnera à ton âme, là-haut, une valeur incomparable. Cher ami, je te suis reconnaissante de m'avoir appris la puissance de l'Amour et de la Foi.

Message de Sœur Eva

Eve désira goûter le fruit défendu. Adam étendit la main et prit ce que sa femme lui offrait.

Christ, au contraire, se dépouilla de la gloire divine, renonçant à toutes les joies les plus légitimes et à tous les plaisirs terrestres.

La convoitise et le renoncement sont aux deux pôles de l'histoire de la race humaine, et de celle de la rédemption. Ce sont les deux grands mobiles qui gouvernent les actions du premier et du second Adam. Vouloir être égal à Dieu, posséder, jouir, être libre de disposer de toutes choses ,tels sont les désirs du premier Adam. Reconnaissons-nous ce portrait comme étant le nôtre? Le principe vital du second Adam, c'est au contraire le dépouillement, le renoncement, l'abandon de nous-

mêmes à Dieu. Se donner à nos semblables
pour l'amour et dans l'esprit de Christ et ne
pas regretter le don de notre vie même jusqu'à
la dernière goutte de notre sang, c'est être
animé de l'esprit de notre Sauveur. Il est
venu, Lui le dernier Adam, le chef d'une nouvelle humanité, pour nous libérer du moi et
de tout désir égoïste.

Dans laquelle de ces deux généalogies se
trouve notre nom? Marchons-nous à la suite
du vieil Adam avec ses convoitises, ou bien
la vie de Christ a-t-elle si bien pris possession de la nôtre que, demeurant en Lui, et
Lui en nous, nous ne vivions plus pour nous-
mêmes? L'obscure étable et l'humble crèche
nous prêchent un touchant sermon, et nous
montrent comment l'amour peut s'humilier
et se dépouiller. Les mélodies célestes, accompagnant la manifestation du sacrifice de l'a-
mour, font un contraste étrange avec la pauvreté au sein de laquelle naquit le Sauveur.
Le chant des anges éclata quand le Sauveur
se dépouilla de Sa gloire divine. Les anges
ne doivent-ils pas mener deuil, lorsqu'ils
voient les rachetés rechercher les honneurs,
le prestige, le confort, la richesse, les plaisirs
et les joies de la terre?

Les besoins d'un monde perdu, la misère
de nos semblables, la triste condition des
païens et de ceux qui le sont au sein de notre

civilisation, tout cela ne devrait-il pas mettre au cœur des disciples de Jésus, comme membres d'une race nouvelle, le désir de se sacrifier, de se renoncer par amour pour Lui? Ce n'est qu'en vouant à la mort le moi et ses convoitises que notre vie peut devenir fertile en se dépensant pour les autres. Il faut que l'esprit d'amour inspire nos actions. Le sérieux des temps où nous vivons demande des sacrifices illimités, et plus nous voyons s'approcher « l'heure de minuit », plus cet esprit de sacrifice deviendra nécessaire. L'amour de nos aises et une religion mondaine ne pourront subsister en ce jour solennel. L'Eglise de Laodicée est en train de mûrir pour le jour du jugement.

Oh! Seigneur, ouvre nos yeux pour que nous apprenions à nous voir tels que nous sommes, et donne-nous la force de Te suivre sur le chemin du renoncement à nous-mêmes et de l'obéissance jusqu'à la mort.

Sœur Eva.

La Pauvreté volontaire est une démonstration de la victoire de l'Amour,
par Sœur Eva

Est-ce par pur hasard que le Fils de Dieu est venu naître au sein d'une extrême pauvreté? Est-ce pas hasard que le Fils du Très-Haut, à ses derniers moments, n'a eu qu'une

croix pour reposer Sa tête, alors que nu et
sanglant, Il était suspendu entre le ciel et la
terre? Le début et la fin de sa carrière terrestre Le trouvent dans la plus extrême pauvreté. De plus Il a renoncé à toutes les douceurs de la vie et du foyer. Pendant trois
ans Il a voyagé ici et là, sans avoir une chambre à lui, exposé à toutes les intempéries,
s'oubliant sans cesse pour penser aux autres,
méprisé, haï, ne se servant de sa puissance
que pour enrichir et soulager les autres, pour
les servir et les sauver. C'est ainsi que ce
Grand Méconnu, le plus pauvre parmi les pauvres, a vécu ici-bas. Et Il nous dit: « Suis-
Moi. »

Le jeune homme riche ne le comprit pas.
Et qui Le comprend de nos jours! Il est facile d'être chrétien tout en se cramponnant
aux choses de la terre, en accroissant son
bien, en ne donnant de son superflu que ce
qui ne coûte rien, en ne sacrifiant aucune
jouissance terrestre. La pauvreté semble au
plus grand nombre le plus grand des mal-
neurs. Les richesses terrestres sont la clef de
toutes les possibilités de la vie présente, la
porte de l'influence et de la puissance. Très
peu de chrétiens ont compris la bénédiction
de la pauvreté volontaire et tout ce qu'elle
renferme de richesses spirituelles.

La liberté à l'égard de toutes les vanités,

la puissance spirituelle, voilà les conditions
d'une vie de service apostolique ; ce n'est que
dans une vie de pauvreté volontaire qu'on
en jouit. On ne se représente pas l'apôtre
Paul sans sa vie de pauvreté volontaire.

C'est grâce à ce moyen que François d'Assise pût gagner l'influence qu'il exerça. La
vie de Tersteegen, vécue au sein d'une pauvreté complète, rendit un plus puissant témoignage que ses paroles, et lui acquit une
remarquable influence. Sundar Singh, le jeune sadhou, en costume de mendiant, le
grand disciple et apôtre de nos jours, ne put
suivre son Maître de si près et faire de sa vie
une constante prédication, qu'en renonçant
complètement à ses richesses. Le prix n'est
pas trop grand. Celui qui a renoncé à tout n'a
plus rien à perdre ; il ne peut que gagner. In-
dépendant de tout lien terrestre quant au
rang social, comme aux liens de famille et à
l'opinion publique, il est l'homme délivré du
monde et livré à Dieu pour s'occuper des intérêts du royaume des Cieux. Il peut servir
l'humanité à laquelle il s'offre en serviteur
volontaire. Cette pauvreté volontaire commandée par Jésus et enseignée par son exemple, de la crèche à la croix, est le trait de sa
vie et de son enseignement qui est le plus
rarement imité.

Si on voyait de nos jours plus d'exemples

de cette vie chrétienne authentique et apostolique, l'Evangile porterait plus de fruit et ferait plus d'impression dans le monde. La pauvreté volontaire est une victoire de l'esprit sur la chair et sur les choses visibles et matérielles, une victoire de l'amour sur la recherche du moi ; c'est une victoire de l'esprit sur toutes les vanités de la terre.

Les disciples du Christ ne peuvent pas tous suivre ce chemin, mais celui qui s'y est senti appelé et qui a obéi, sera en bénédiction à beaucoup. Tout chrétien *doit* posséder cette attitude intérieure de pauvreté volontaire parce qu'elle est indispensable à une vie féconde. L'impuissance et la stérilité de la vie de tant de chrétiens viennent de l'absence de cette attitude. Que de temps et d'argent seraient à la disposition des œuvres chrétiennes si les hommes et les femmes qui professent suivre Jésus, ne les gardaient pas pour eux-mêmes. Beaucoup soupirent après une vie plus consacrée au service du Maître, mais ne veulent pas payer le prix. Des considérations toutes mondaines et des préjugés de classe empêchent le croyant de se mettre sans réserve, corps, âme et esprit, à la disposition de Dieu pour le salut des âmes. Les meilleures intentions et les plus ardents désirs de vivre une vie utile sont souvent arrêtés par des obstacles ridicules. C'est tragique et c'est une honte pour l'Eglise. Quand un homme se libère de ses préjugés et du qu'en-dira-t-on, des fleuves d'eau vive coulent aussitôt de son sein, donnant à sa vie une valeur et une joie nouvelles.

Je connais une mère de famille pauvre, mais qui en enrichit plusieurs (2 Cor. 6:10). Elle ne pourrait arriver à bout de tout ce qu'elle fait, de tout ce qu'elle donne, si elle ne sacrifiait pas quelques heures de sommeil. Elle commence à cinq heures du matin à balayer les bureaux d'une banque, afin de gagner de quoi donner largement autour d'elle sans priver les siens auxquels elle consacre le reste de la journée. Je connais, en Amérique, un homme qui, pour pouvoir contribuer au salut de ses semblables, accomplit un travail très spécial, celui d'emballer du porc, pour pouvoir payer les frais d'une œuvre. Je bénis Dieu de connaître bien des chrétiens qui vivent dans une pauvreté volontaire et dont la vie ressemble au torrent de la grâce ; ils ont toujours de quoi donner aux autres, ne gardant presque rien pour eux-mêmes ; ils renoncent à eux-mêmes pour vivre entièrement pour Dieu et pour leurs semblables. Mais combien peu ont vraiment compris la beauté et la richesse d'une pareille vie.

A Noël, beaucoup contemplent dans la

crèche Celui duquel il est écrit: « Il s'est fait
pauvre pour nous, afin que par sa pauvreté
nous fussions enrichis. » Mais ils n'ont pas
compris que leur propre vie, si elle était vécue d'après cette loi d'amour et de sacrifice,
deviendrait une source de richesse pour les
autres. « Je vous ai donné un exemple, a dit
Jésus, afin que vous fassiez comme je vous
ai fait. » « Celui qui ne renonce pas à tout ce
qu'il a ne peut être mon disciple ».

Friedenshort, Août 1928.

Mes chers amis,

Je dois de nouveau me présenter devant
vous en coupable; dans mes lettres particu-
lières, mes amis sont déjà habitués à ce début plutôt monotone.

Et maintenant voici que j'écris ma seconde
lettre-circulaire de l'année en août au lieu de
juin. Mais en juin nous étions au beau milieu
de nos voyages. Quand on passe la nuit en
chemin de fer, on ne vaut pas grand'chose
le lendemain pour la correspondance, et j'ai
une grande pile de lettres qui attendent l'arrivée d'Agnès Sloan, notre Sœur dactylogra-
phe. Je compte alors « battre le fer pendant
qu'il sera chaud ». Je crois vous avoir dit
qu'elle viendra vivre avec nous; ce qui me
sera d'un grand secours, car ma petite Sœur
secrétaire ne sait pas sténographier l'anglais,
et celle qui le pouvait est maintenant deve-

nue Sœur jardinière. De temps en temps seulement, Sœur Eva me *prête* sa secrétaire. Maintenant j'aurai une Sœur anglaise en plus de la Sœur allemande et tout ira mieux. Peut-être avez-vous un petit sourire moqueur en me lisant. J'espère pourtant avoir atteint l'âge où l'on sait tenir ses promesses.

Mais je veux reprendre mon récit là où j'en suis restée la dernière fois, c'est-à-dire au moment où nous allions quitter Friedenshort pour trois mois. Nous avions devant nous un programme presque effrayant: l'Autriche, la Suisse, Baden, le Wurtemberg, etc... Il était évident que Sœur Eva avait besoin de faire d'abord une seconde cure à Gastein, après le résultat si satisfaisant de l'année précédente. Le repos qui doit suivre et que les médecins affirment être aussi essentiel que la cure même, devait se faire en Suisse. Dès que nos chers amis suisses apprirent notre prochaine arrivée, une pluie d'invitation nous arriva de tous les côtés; quelques-unes nous semblaient être des appels sérieux. Comme on nous demandait d'aller aussi, dans le sud-ouest de l'Allemagne et que Gastein se trouve près de la frontière suisse, nos yeux et nos cœurs se tournèrent de ce côté-là. Mais nous manquions d'argent. D'où nous viendrait la somme nécessaire pour la cure et le voyage?

Alors arriva un chèque d'une chère amie,

très éloignée, qui ne savait pas le premier mot de nos plans et de nos projets. Ce généreux don était pour l'œuvre générale de Friedenshort. Il était accompagné d'une autre somme divisée en deux parts égales dont je devais employer l'une pour Sœur Eva, ses besoins ou ses plaisirs ; quant à l'autre moitié, c'est elle qui devait l'employer pour moi. Vous comprendrez l'émotion de nos cœurs et notre sentiment solennel de la présence du Dieu vivant, en constatant une fois de plus qu'Il veillait sur nous et qu'Il connaissait nos besoins. Nous étions comme des enfants partant pour un congé et dont le Père avait généreusement rempli les poches.

Nous allâmes d'abord voir notre œuvre de relèvement à Cassel. Un moment après le départ de notre train une bonne occasion de « semer la semence » se présenta subitement. Quand le contrôleur vint examiner nos billets Sœur Eva lui offrit « quelque chose à lire ». Il l'accepta et alla plus loin. Quelques moments plus tard j'aperçus trois employés qui me regardaient timidement à travers la glace de la portière et, ouvrant celle-ci, ils nous demandèrent si nous aurions aussi quelque chose à leur donner à lire. Avec quel plaisir nous répondîmes à leur désir. Une demande de ce genre est bien rare, et cela me fit l'effet d'un rayon de soleil que Dieu nous envoyait comme signe de son approbation de notre voyage.

Nous aimerions dire en passant à **M. Ralph Smith** un mot de remerciement pour le don des petits évangiles, et à **M. Menzies** pour celui du « Guide du Voyageur de la Mort à la Vie ». Puissent ces messagers silencieux produire une riche moisson.

Sœur Eva a une manière inimitable d'offrir ses traités, tandis que je suis encore assez timide pour cette branche du travail (quoique nous n'essuyons presque jamais de refus). Mais quand cela arrive parfois à Sœur Eva, elle est toujours à la hauteur de la situation. Je me souviens encore de cette chaude journée à Hambourg où Sœur Eva offrit un traité à une dame qui le refusa avec dédain. Sœur Eva lui sourit gentiment: « Oh ! il fait si chaud que vous aimeriez mieux une poire, dit-elle, » en lui offrant un petit panier qui en était rempli. J'en fus tellement surprise que j'eus de la peine à garder mon sérieux, surtout à la vue du changement d'expression sur les traits de cette dame. La figure souriante et persuasive de Sœur Eva remporta la victoire et le traité fut aussi accepté. Je ne me souviens pas que nous ayons essuyé de refus, mais aussi elle savait faire précéder l'offre du traité parfois par une belle rose, ou par un fruit mûr.

Sœur Eva donne entre autres une petite feuille volante intitulée « *Madame la Mode* » qu'elle a écrite en vers au cours d'une nuit sans sommeil, après avoir présidé des réunions d'appel pour jeunes femmes. Les absurdités de la toilette actuelle des femmes se sont comme imprimées dans son cerveau et ces vers en sont l'expression. Ce qui nous a étonnées c'est que plusieurs journaux nous ont demandé l'autorisation de les publier dans leurs colonnes. Cela prouve qu'il y a encore un certain bon sens là où l'on ne s'y serait pas attendu. Un évêque nous a écrit qu'il y avait longtemps qu'il s'attendait à entendre une voix féminine protester contre ces folies...

Ensuite nous allâmes visiter notre Home de Berlin où nous célébrâmes le 78e anniversaire de « Sœur Clara », la directrice. Elle s'était retirée pour quelque temps à Friedenshort, mais peu après, le besoin qu'on avait d'une directrice la décida à venir ici, et elle y est encore. Ce n'est pas une tâche facile, car ce sont presque toutes des jeunes filles qui, d'une manière ou d'une autre, ont pris le mors aux dents, et qui nous ont été amenées parce qu'on n'en pouvait rien faire à la maison.

C'est plutôt une œuvre préventive ; elle est soutenue par le travail de blanchissage qui occupe ces jeunes filles. Si vous pouviez les entendre chanter à l'ouvrage vous ne les trouveriez pas à plaindre. Du reste, nous sommes bien persuadées que travailler tout le jour sans relâche ne leur vaudrait rien, et nous leur donnons des leçons de gymnastique, de chant, etc... sans parler des excursions du samedi, quand elles ont terminé leur travail de la semaine. C'est une joyeuse bande et elles aiment leur Home.

La directrice, Sœur Clara, vit dans la joyeuse attente du retour du Seigneur. Elle a passé ses vacances à Friedenshort, pendant notre absence, et nous a quittées ce matin pour retourner à son cher Home. Comme nous lui disions adieu *et au revoir*, elle nous cria au moment où le train s'ébranlait: « *Oui! dans les airs!...* » Une Sœur nous demanda si ce n'était pas peut-être cette espérance si vivante qui la maintient si fraîche et si gaie. Il est certain qu'elle vit le regard tourné en haut, et qu'elle a un amour infatigable pour les âmes qui lui sont confiées. Quoique ces jeunes filles soient presque toutes de vrais *problèmes* à résoudre, elle ne perd jamais courage. Parfois déçue, elle est toujours prête à faire un nouvel essai avec la coupable. Il y en a une que j'avais dû renvoyer de l' « Union des Etoiles », mais qui revint me demander pardon, paraissant mieux disposée. J'en parlai à Sœur Clara qui l'accepta à condition de la garder deux ans. La jeune fille accepta et maintenant elle est dans une maison sérieuse, et parait transformée. Depuis mon retour, j'ai reçu d'elle une lettre exprimant sa vive reconnaissance pour ce séjour dans notre Home qui lui a été en bénédiction. Oui, il vaut la peine, de mettre en pratique cet amour « *qui espère tout* ».

De Berlin nous allâmes à Cassel où des amis avaient organisé deux grandes réunions pour faire connaître notre œuvre. Un des résultats fut que le désir d'avoir aussi dans la Hesse un Home pour les Sans Foyer, naquit dans bien des cœurs. C'est une des rares provinces qui n'en a pas encore.

Ce fut notre dernier travail pour le Seigneur avant d'entrer en vacances. Nous nous dirigeâmes sur Munich pour atteindre Gastein où quatre semaines de repos et de bains radio-actifs nous firent grand bien à toutes deux. Les eaux minérales de cette ville sont remarquablement fortifiantes. Nous traversâmes ensuite la belle vallée de l'Inn pour arriver à Lucerne. Nous y fîmes un court, mais délicieux séjour dans une magnifique propriété où la maison d'habitation est entourée de jardins en terrasses descendant jusqu'au lac. Elle appartient à une belle-sœur de Sœur Eva et nous jouîmes beaucoup de cette visite. Puis ce fut un véritable Kaleidoscope de visites, de réunions, d'entrevues, d'entretiens, etc.... qui nous fit traverser presque tous les cantons de ce beau pays.

Comme le disait sœur Eva, nous n'avions pas besoin de faire un choix parmi les beautés de la nature que nous désirions voir ; nous n'avions qu'à répondre aux différents appels de ceux qui nous demandaient de l'aide dans leur travail, ou qui désiraient connaître notre œuvre et celle de nos Sœurs missionnaires en Chine. Il semblait que Dieu nous envoyât ici et là pour admirer ses œuvres dans les plus belles parties de ce beau pays. C'est ainsi qu'un de ces appels nous vint de Berne où un Home d'enfants avait besoin de notre aide et de nos conseils. Puis une amie nous emmena au Beatenberg, au-dessus du lac de Thoune où nous passâmes trois jours, dans un vieux chalet bruni, en face des splendeurs de de la Jungfran, du Mônch et de l'Eiger. Nous entendions le chant des paysans, au travail, qui montait des collines et engageait nos cœurs à s'y joindre.

M. et Mme Judd, de Shanghaï, visitèrent Friedenshort en notre absence ; nous en eûmes tous un grand regret. La veille de son départ de Friedenshort, M. Judd donna son adresse pour le 10 juin à Eunenda, et Sœur Caroline qui avait la liste des différents endroits où nous devions nous arrêter, s'écria: « Sœur Eva et Sœur Annie doivent aussi s'arrêter à Eunenda le 10 juin. N'était-ce pas *plus* qu'une coïncidence?

Nous y étions en visite chez les filles d'une chère vieille amie, Mme Frôhlich, que nous avions espéré revoir, mais qui était entrée dans son repos quelques semaines avant notre départ de Silésie. C'est pendant ce séjour que les amis Judd arrivèrent comme hôtes d'un de leurs amis, ancien missionnaire en Chine. Une des filles de notre vieille amie est aussi missionnaire en Chine. Nous passâmes quelques belles journées ensemble, d'abord dans les Alpes à Broumdalel, où les montagnes se montrèrent à nous dans toute leur majestueuse beauté; puis sur les rives du beau lac de Clonthal où nous allâmes avec les amis Judd, pour une conférence sur les missions en Chine.

A Rheineck, sur le lac de Constance, des amis avaient arrangé une « journée missionnaire » pour avoir des nouvelles de l'œuvre de nos Sœurs en Chine, et cette atmosphère d'amour chrétien et de prière fit du bien à nos cœurs.

A Zurich on avait organisé une grande réunion missionnaire dans le même but. Il y avait près de mille auditeurs. Tout en écrivant ces lignes, je pense avec affection à notre chère hôtesse ; jusqu'alors elle avait été une parfaite étrangère pour nous, mais c'est une de ces âmes dévouées qui s'oublient pour penser uniquement aux autres. Nous nous sommes liées en peu de temps d'une de ces amitiés qui porte le sceau de Dieu pour l'Eternité

Deux de nos Sœurs travaillent près de Zurich, dans un Asile pour les malades de la tête. Nous avions pensé renoncer à cette œuvre difficile, car nos deux Sœurs étaient très fatiguées. Mais elles n'y consentirent pas ; elles aiment leurs malades et ceux-ci le leur rendent. Après la réunion du soir, un des anciens malades demanda publiquement que nous formions un plus grand nombre de Sœurs pour cette branche de l'Œuvre. Il décrivit d'une façon pathétique l'atmosphère de ces Homes pleins d'amour chrétien, rendant témoignage à ce qu'avait fait pour lui une de nos Sœurs. Un jour, le couteau à la main il avait menacé de la tuer, et elle avait montré un tel calme et un tel courage qu'elle fut sauvée. Grâce à ses soins pleins d'amour il était guéri. Nos deux Sœurs reviendront donc à leur travail, après un long congé et un complet repos.

Notre dernière visite en Suisse fut à Sainte Chrischona, près de Bâle. Puis nous passâ-

mes la frontière pour atteindre le Grand Duché de Bade où notre premier arrêt fut à *Dinglingen* — Dinglingen! L'imprimerie de
Saint Jean n'est inconnue ni en Angleterre,
ni en Suisse, mais il se peut que l'histoire de
son origine le soit. Il y a bien des années qu'un
jeune imprimeur s'y établit, inspiré par l'unique désir de n'imprimer et de ne publier
que ce qui serait à l'honneur et à la gloire de
Dieu, et en bénédiction à ses semblables. Ce
jeune homme était le fils spirituel d'une chrétienne qui est connue dans tout le sud de
l'Allemagne et en Suisse, « sous le nom de
Mütterlein » (petite Mère). Elle a été pour
beaucoup une vraie mère en Israël. Elle habite
une petite maison en face de la florissante imprimerie de Saint-Jean. Ses relations sont à
la fois spirituelles et commerciales. Le fondateur de cette maison est entré dans son repos, mais avant de mourir il avait nommé
trois de ses associés comme continuateurs de
son œuvre, de sorte que le même esprit inspire
ses successeurs.

Un des directeurs vint nous attendre à la
gare. A notre arrivée, Mütterlein vint au devant de nous jusqu'à la grille. C'est une petite personne à la figure encore fraîche et
souriante, encadrée de cheveux noirs, sans un
seul fil blanc, et cela à 82 ans! Elle n'a pas
encore besoin de lunettes, sa vue et son ouïe

restent excellentes. C'est toujours elle qui ouvre la porte à tous les hôtes qui lui arrivent,
qu'ils soient riches ou pauvres, nobles ou ro-
turiers. Sur l'intérieur de la grille se trouve
une plaque en cuivre poli avec ces paroles:
« Je me tiens à la porte et je frappe ». Mütterlein salue son Sauveur dans la personne de
tous ceux qui viennent chez elle. Une fois de
l'autre côté de cette porte, on se sent entouré
d'une atmosphère de paix et de sainteté sans
affectation. Il règne dans la maison une tran-
quilité silencieuse et bienfaisante. Nous avons
passé des heures bénies dans cette antique habitation qui ignore les progrès de la civilisation. Au lieu de lumière électrique, nous
avions celle de brillants chandeliers en bronze
et de lampes. Les repas étaient embellis par
les réminiscences de la Mütterlein, riche en
souvenirs vécus. Une histoire caractéristique
de son enfance vous amusera et vous intéressera:

Elle avait quatre ans quand un jour son
père l'appela et lui dit: « Maria, tu poseras
chaque matin le journal sur la table du déjeûner, à côté de mon assiette. » Puis il lui fit
répéter ces paroles, en ajoutant: « Tu com-
prends que tu as désormais un devoir à remplir. » Et il lui expliqua le sens et la responsabilité de cette charge. Sur ce, elle courut à
sa sœur aînée et, joignant les mains, elle lui

dit d'un ton solennel qu'elle avait un devoir
à remplir. Quoiqu'elle racontât la chose en
riant, on voyait que la vive impression reçue
alors ne s'était jamais effacée. Elle trouva le
Sauveur, ou plutôt Il la trouva toute jeune,
de sorte qu'elle a derrière elle une longue vie
de service chrétien, tout en voyant sa jeunesse renouvelée comme celle de l'aigle. Elle
appartient à la race de ces justes que le psal-
miste compare, au ps. 92, aux palmiers et
aux cèdres du Liban plantés dans la Maison
de l'Eternel, « qui fleurissent dans les parvis
de Dieu et portent du fruit dans la vieillesse. »

Les différents associés furent invités à souper avec nous et comme l'un d'eux était anglais, j'eus l'occasion de parler et d'entendre
ma langue maternelle. Le lendemain on nous
fit visiter les belles machines à imprimer et à
lithographier, car si la demeure de Mütterlein
est encore « antique », les machines sont au
contraire tout ce qu'il y a de plus moderne.
Il y a là de nombreux chrétiens dont tout le
désir est de servir le Dieu auquel ils appar-
tiennent. A Saint-Jean on croit fermement
que pour travailler à une œuvre sainte, il faut
des mains sanctifiées. L'ordre parfait et l'ex-
quise propreté qui règnent dans ces vastes
bâtiments parlent de « Sainteté à l'Eternel. »
En quittant Dinglingen et ses habitants, on
était conscient d'avoir respiré l'air vivifiant

d'En Haut. Le jardin de Mütterlein vous fait penser au « Jardin Clos » du cantique de Salomon ; partout on rencontre des endroits frais et abrités ; sur les chaises et les bancs ainsi que dans les pavillons, les regards sont attirés par des versets bibliques et des citations propres à encourager la méditation. C'est une grâce de Dieu de trouver encore un endroit pareil dans un monde comme le nôtre.

De Dinglingen nous nous dirigeâmes vers la Forêt-Noire où le contraste fut frappant. Pouvez-vous nous voir, par la pensée, dans un hôtel très moderne et mondain? Mais là encore nous répondions à un appel de Dieu. Nous avions rencontré à Gastein le propriétaire de cet hôtel, un homme déjà assez âgé que Dieu avait attiré à Lui et amené aux pieds de Christ, où il avait appris que, pour entrer dans le Royaume de Dieu, il faut avoir le cœur d'un enfant. Il rencontre bien des difficultés sur son chemin ; sa conscience lui reproche bien des choses douteuses qu'il a introduites dans son hôtel. Sa femme, sa fille et ses fils combattent tous les idées du père. Il nous avait invitées à venir les voir en passant et nous n'aurions pu refuser. A notre arrivée, sa femme s'est retirée dans sa chambre, très ennuyée. Il était évident que nous étions loin d'être les bienvenues. Elle parut au dîner, polie, mais froide. Le lendemain elle fut un peu cordiale, et le 3e jour, une longue conversation s'engagea entre nous au déjeûner. Elle me demanda entre autres *pourquoi* je travaillais ainsi, et menais une vie de sacrifices continuels. Elle arriva finalement à cette conclusion étonnante: « Eh bien, vous êtes plus heureuse que nous. » Bref, il fut décidé que le père, la mère et la fille viendraient nous voir cet automne après la clôture de la saison. Oh! demandez à Dieu que rien ne vienne entraver ce projet et que Sa bénédiction repose sur leur séjour chez nous.

J'ai entendu dernièrement quelqu'un exprimer cette pensée: « Attachons les ailes de la prière à nos soucis et à nos inquiétudes, de façon à ce qu'elles nous portent jusqu'au Trône de Dieu, autrement nos soucis seront des pierres qui nous retiendront à la terre. »

Je tâcherai d'être plus régulière dans ma correspondance à l'avenir, et avec mes messages les meilleurs auxquels se joint Sœur Eva,

Je reste votre dévouée dans le joyeux service de Christ.

Sœur Annie.

Novembre 1928

Chers amis,
Comme d'habitude, avant de commencer ma petite causerie, je m'assieds en pensée de-

vant la masse hétérogène de faits à trier pour vous les envoyer. Tant de choses sont arrivées depuis notre précédente lettre, que je vais vous raconter notre *dernier* exaucement de prière à propos du jardin.

Il faut d'abord vous expliquer que notre infirmerie de Valeska est une maison qui abrite toutes sortes de malheureux: des aveugles, des boiteux, des estropiés, des sourds, des infirmes, des faibles d'esprit et même des idiots. Nous avions souvent désiré bâtir une haute muraille autour du jardin afin de protéger nos pensionnaires contre les moqueries des passants, surtout des mauvais garnements, qui se promènent par là, le soir, en été. Mais c'eût été une grosse dépense et nous nous contentâmes de refaire la palissade en bois, tout en espérant pouvoir un jour bâtir la muraille. Soudain on vint nous demander de céder une bande de terrain de toute la longueur du jardin car la commune voulait élargir la rue. Nous fûmes indignés de cette proposition et nous expliquâmes aux autorités que nos *protégés* seraient encore bien plus exposés aux moqueries des jeunes sauvages. A notre joyeuse surprise, elles offrirent spontanément de nous bâtir un mur tout autour du jardin, comme compensation, et même de remplacer les arbres qui devaient être sacrifiés, par des arbres fruitiers. Quel dénouement inattendu!

A un moment donné notre Sœur Jardinière eut un gros souci au sujet de son jardin. Il est assez grand, mais pensez donc qu'il doit nourrir une famille de 500 personnes! Une partie seulement nous appartient et nous louons le reste. Vous ai-je dit qu'on nous en a repris une partie pour y bâtir l'Hôtel de Ville? Sœur Adélaïde tremblait pour le reste. Nous demandâmes aux autorités si elles ne pourraient pas nous *vendre* le terrain *loué* jusqu'ici, de façon à ce que le jardin nous appartienne en entier. Nous avions l'assurance que Dieu nous fournirait l'argent nécessaire à cet achat. Au premier abord la chose parut impossible. Cependant après avoir visité les maisons, les enfants et l'œuvre en général, les autorités se laissèrent attendrir et dirent qu'elles chercheraient un moyen de nous garantir la possession définitive du jardin. Veuillez prier à ce sujet, chers amis, afin que Dieu dirige toutes choses et arrange Lui-même cette affaire importante.

Je vous avais demandé vos prières au sujet du jardin et voici qu'elles sont déjà exaucées, et que notre terrain loué a pu être acheté pour 20 marks! Il s'agissait *du tiers* de notre jardin potager; c'est donc une grosse affaire pour nous. Cette nouvelle nous fut apportée par l'un des directeurs le jour anniversaire de Sœur Eva, avant le dîner, et nous fîmes dire à la Sœur Jardinière qu'il fallait absolument qu'elle vienne dîner avec nous dans la salle des Sœurs. Puis on publia la bonne nouvelle, on lut l'important document, et de bons rires accueillirent le post-scriptum suivant : « Pour ne pas faire peser ces 20 marks trop lourdement sur la Communauté, le directeur général envoie un don personnel *de 250 marks* ». Nous ne pouvions que nous courber, le cœur rempli de reconnaissance et d'amour, devant le Seigneur dont la miséricorde dure éternellement !

Après vous avoir écrit ma dernière lettre, nous partîmes pour la Prusse et la Poméranie où nous devions visiter plusieurs de nos Homes. Notre première visite fut pour l'extrémité de la Prusse Orientale, non loin de Memel. Là vit un brave fermier, fort pieux, qui, après que sa ferme et ses terres eurent été ravagées et pillées par les Russes, au début de la guerre, y revint plus tard pour réparer les ruines. Il pensa tout d'abord à *ses bêtes* et il rebâtit leurs étables. Puis, il construisit une « salle de réunions » où il prêchait luimême. Ensuite il transforma un bâtiment de ferme en foyer pour orphelins, et, seulement alors, il commença à se bâtir une maison. En attendant qu'elle fût prête, il habita avec sa famille une ancienne étable transformée en appartement provisoire. Il nous remit la di-

rection du Foyer des orphelins et nous fûmes
heureuses de venir les visiter dans ce coin si
reculé.

Notre petit Foyer dans cette province
compte quinze enfants, filles et garçons, avec
une Sœur comme Petite Mère et une jeune
diaconesse qu'on appelle « Petite Tante ». Les
enfants vont à l'école du village, aident aux
travaux de la maison et du jardin et font la
joie des cœurs aimants qui les soignent.

Il y a encore deux autres Sœurs qui travaillent dans les environs comme Sœurs visitantes. L'une d'elles nous a raconté certains
incidents qui nous ont laissé entrevoir le genre de vie plutôt rude qu'elles mènent ici. Les
habitations étant assez loin les unes des autres, elles ont en général un cheval et un char
à leur disposition, mais elles doivent condui-
re elles-mêmes le cheval malgré leur inexpé-
rience. Les aventures que l'une d'elles nous
a racontées concernant leurs chevaux presque sauvages, nous ont bien amusées et nous
avons, secrètement, admiré son courage !

L'autre Sœur travaille dans un village voisin. C'est une de ces natures gaies, vives et
entreprenantes qui ne s'ennuient jamais,
même dans un pays aussi plat que la Prusse
Orientale. Elle nous raconta avec enthousiasme le voyage qu'elle avait fait à Memel,
sur la côte, et toutes les beautés naturelles

qu'on peut y voir. Elle s'efforça de nous gagner à son enthousiasme et de nous entraîner par son exemple, mais nous lui répondîmes que nous n'étions pas venues pour admirer la belle nature, mais pour remplir un devoir. Là-dessus elle nous assura qu'à Memel il y avait des âmes qui seraient heureuses d'avoir une « réunion » si seulement nous voulions y aller. J'échappai à son insistance en lui disant que j'avais eu l'intention de visiter son village, mais que si elle désirait tellement nous voir aller à Memel, nous pourrions y aller au lieu de passer notre temps chez elle. Vous auriez été amusés de voir comme son expression changea. Elle ne parla plus de Memel et la journée passée avec elle nous donna un aperçu du travail d'une Sœur visitante à la campagne. Leurs vies ne sont pas toujours faciles et paisibles, comme nous l'apprend la lettre d'une Sœur qui travaille en Pologne.

Dans cette tournée nous avons visité un autre « Home » qui nous donne du souci, quoiqu'il ne dépende pas de nous. C'est l'entreprise privée d'un pasteur de campagne qui pratique la philanthropie aux dépens d'autrui. Représentez-vous un Home trop petit abritant 24 enfants ne possédant ni eau, ni lavoir. Or ces enfants sont presque tous au-dessous de 3 ans. Les Sœurs n'ont que rarement une nuit de sommeil, et il faut qu'elles s'occupent aussi du jardin. Trois de nos chères jeunes sœurs font tout ce travail sans se plaindre. Vous voyez combien il est important que nous visitions ces Homes. Les enfants avaient bonne mine, et on voit qu'ils sont bien soignés, malgré la fatigue de leurs gardes. Quand je dis au pasteur que la vue de ces jeunes Sœurs m'avait émue jusqu'aux larmes et que j'avais pour elles une respectueuse admiration, il me regarda d'un air extrêmement étonné. Nous avons insisté auprès de lui pour qu'il fasse chercher l'eau par des hommes et qu'il s'occupe de quelques réparations indispensables. Nous nous demandons si nous faisons bien de continuer à l'aider à cause de son inintelligence des besoins d'une maison de ce genre. Et pourtant quand on voit l'attachement des enfants à ces jeunes Sœurs, il serait presque cruel de les leur enlever. Enfin, après une conférence de trois jours nous allâmes visiter d'autres Homes. Ces Conférences sont des réunions d'évangélisation, que Dieu a richement bénies dans le passé, et cette année encore nous avons senti Sa présence au milieu de nous.

Dans un autre Home de la Prusse Orientale, nous avons passé d'heureuses journées pendant lesquelles on a célébré l'anniversaire de cette maison. Près de deux cents amis étaient venus de la ville voisine pour cette fête et pour nous voir. Cette famille d'enfants s'appelle « les Alouettes ». Elles avaient l'air si bien et si heureuses dans leur joli nid ! C'est un vrai plaisir de voir ces petits retirés de la misère, maintenant si bien soignés et si heureux. Une de nos joies c'est de voir d'année en année les progrès réalisés dans ces différents « nids ». Lorsque je suis venue visiter cette maison la première fois, et que nous en prîmes possession, elle était dans un assez triste état, mais, après quelques années d'un travail persévérant, nous sommes arrivées à en faire un magnifique Home. Il a aujourd'hui des vaches, des porcs, des oies, et le beau grand jardin potager est la preuve du travail intelligent de notre brave petite Sœur Jardinière qui cultive, du reste, aussi des fleurs.

Le jour de notre départ, nous trouvâmes au déjeuner une table couverte de cadeaux d'anniversaire pour Sœur Eva. Nous fûmes bien touchées de trouver parmi les cadeaux, un petit sac contenant 200 marks pour acheter des pommes de terre pour l'hiver. Ces « Homes » vivent comme nous, des dons que Dieu leur envoie, comme les fleurs et les oiseaux dont ils portent les noms. Mais ils sont si généreux qu'ils aiment aider les autres ho-

mes y compris celui de Friedenshort, quand
ils le peuvent.

Nous avons eu aussi une réunion pour nos
« Etoiliens ». Nous désirons nommer un secrétaire, pour ceux-ci, dans chaque province
d'Allemagne. Il faut tout de même établir
quelque organisation parmi nos cinq mille
« Etoiliens » dispersés sur un aussi vaste ter-
ritoire, et j'ai grand besoin d'un peu d'aide
de ce côté-là. A Friedenshort, nous n'avons
pas un grand amour pour ce qui est organisation et programmes, mais il y a pourtant un
juste milieu à garder. Dans un certain village nous avons deux Homes, dont l'un s'appelle « La Maison des Tilleuls » et l'autre
« La Sapinière ». Nous mettons là les enfants
retardés ou peu développés que nous prenons
dans différents autres Homes. Un peu négli-
gés ailleurs, ils ont ici une bonne école tout
exprès pour eux, et une excellente institutrice. Sœur Eva logeait dans l'une de ces
maisons et moi dans l'autre. Pendant notre
séjour, les repas se prenaient en commun
dans l'un ou l'autre des Homes.

A Lindenhaies, des difficultés avaient for-
cé la première Petite Mère à quitter sa tâche ;
elle n'avait pas l'autorité nécessaire pour diriger de grands garçons. C'est une garde incomparable pour les tout petits, mais les
grands en faisaient trop à leur tête et natu-

rellement elle en souffrait. C'est pourquoi nous lui avons confié une famille de petits enfants au « Pays du Soleil » et nous avons pris pour la remplacer, l'ancienne « Tante », Sœur Anna. Avant d'aller se coucher cette Sœur Anna vint dans ma chambre pour avoir avec moi un entretien sur différentes questions d'ordre pratique et sur les difficultés qu'elle rencontrait. En l'écoutant je me rendis compte que la grosse difficulté était la conduite des grands garçons qui avaient plus ou moins pris le mors aux dents.

Les deux pires coupables étaient deux frères de 19 et 20 ans, d'anciens élèves du Home. L'aîné, Carl, habite Kônigsberg et ne vient que de temps en temps faire une visite. Willie, le cadet, avait appris le métier de graveur pendant 4 ans, mais ne trouvant pas de place, son ancienne Mütterchen l'avait pris comme jardinier. Au lieu de lui en être reconnaissant, il était impertinent avec elle, surtout quand son frère venait passer quelque temps dans ce Home. Les choses allaient si mal que Sœur Eva et moi fûmes obligées de leur lire le Règlement touchant les cas d'indiscipline, et cela avec une sévérité tout à fait exceptionnelle. Nous ne les épargnâmes pas et nos efforts réunis eurent comme résultat de transformer leur expression moqueuse et impertinente en un air contrit et repentant. Pour finir ils présentèrent des excuses à Sœur Anna et en allant me coucher ce soir-là, je fus bien amusée de trouver dans ma chambre une assiette de fruits magnifiques; Willie avait demandé la permission de me les apporter en ajoutant: « Sœur Annie m'a si bien grondé aujourd'hui qu'elle a droit à nos meilleurs fruits! » Pendant que je souriais de voir l'effet de ma semonce, voici que, derrière ma porte, j'entends retentir la voix de Willie. Il avait décidé que je méritais le plus beau « cantique d'adieu », comme preuve de sa reconnaissance.

Ce qu'il y a de réjouissant, c'est que l'effet de nos réprimandes a été durable. Et maintenant devinez où se trouve ce Willie?... A Dinglingen, dans l'imprimerie de Saint-Jean dont je vous ai déjà parlé. Sœur Eva a demandé aux Directeurs s'ils consentiraient à le prendre à l'essai, car ce n'est pas un mauvais garçon et nous désirions pour lui une bonne influence. La réponse fut affirmative; on eut même la bonté d'envoyer l'argent du voyage.

Qui veut se souvenir de Willie dans ses prières? Nous en serions si reconnaissantes. Nous vous recommandons aussi tous nos grands enfants qui ont bien à lutter pour faire leur chemin dans le monde. Toutes nos « Petites Mères » veillent avec amour sur

leurs anciens enfants et considèrent cette partie de l'œuvre comme très importante ; mais
quelques-uns de ces grands garçons sont de
graves « problèmes ». Cependant, malgré tout,
ils nous donnent plus de joie que de chagrin.

Près du village où se trouvent ces deux
Homes, il y en a un autre qui est unique de
son espèce. Pour l'atteindre il nous a fallu,
non seulement aller en auto, mais encore
faire une demi-heure en bateau. C'est une
maison carrée, bien bâtie, avec un grand toit
de chaume sur les bords de la rivière, et sur
pilotis comme à l'époque lacustre.

Beaucoup penseront que la vie doit y être
bien monotone et solitaire, mais notre gaie
petite Sœur Anna n'est pas de cet avis. Elle
est aussi heureuse qu'une poule avec ses pous-
sins, ou plutôt comme une cane avec ses ca-
netons, puisque tous sont des « oiseaux aqua-
tiques ». Le grand bateau est leur unique
moyen de transport et même les enfants de
six et sept ans manient l'aviron aussi bien
que les plus âgés. Nous avons passé une belle
journée ensoleillée au milieu de ce petit monde, et tout en vous écrivant je revois ces
« myosotis », tous vêtus de bleu, jouant et
dansant autour de nous, libres et joyeux aux
bords de leur chère rivière !

Un jour, nous campions sur la rive, et les
enfants jouaient à leur jeu favori, qui consiste

à décider ce qu'ils feront quand ils seront
grands. Le vieux bateau flottait majestueuse-
ment tandis qu'une fillette de 7 ans 1/2 ma-
niait les deux rames comme une vraie petite
nymphe aquatique. Quelqu'un lui cria de la
rive: « Gretel, que feras-tu quand tu seras
grande ? » — Oh ! répondit-elle, je serai une
femme, voilà tout ! — Un grand éclat de rire
accueillit cette saillie, et, dans nos cœurs
nous pensions que c'était le meilleur vœu à
faire pour toutes nos fillettes. Oui, des femmes de Dieu, vraiment femmes, sans vouloir
prendre des allures d'hommes.

Mais il n'y a pas rien que des jours enso-
leillés dans ce Home, car cette position « ri-
veraine » leur donne un grand surcroît de travail. Il faut chercher en bateau toutes les
provisions ainsi que le bois de chauffage etc...
et si la rivière est calme et souriante en été,
les vents d'automne savent la démonter.

Je dois dire que les Sœurs de ce Home sont
toutes courageuses. Représentez-vous qu'elles doivent par tous les temps aller chercher
au loin les provisions de pommes de terre et
de farine. Elles eurent une fois une vraie ba-
taille avec les éléments, les vagues menaçant
de faire chavirer le bateau. Après de longs
efforts, elles réussirent à ramer jusqu'au dé-
barcadère ; elles eurent alors plus de zèle que
de sagesse en déchargeant les pommes de ter-

re. Le bateau perdit l'équilibre et les sacs tombèrent tous dans l'eau. Un homme qui se trouvait là réussit à les repêcher l'un après l'autre, de sorte qu'il n'y eut pas de perte subie, mais seulement la peine de sécher ces pommes de terres trempées... Sœur Anna se félicita de les avoir eu, cette fois, emballées dans des sacs.

Je veux seulement vous parler encore de deux de nos Homes situés en Poméranie. Dans le premier se trouvent 40 enfants casés dans un ancien château, et le second est une réunion de chaumières entourées de jardins fleuris au milieu d'un vrai désert sablonneux.

Dans le premier se trouvent nos « Immortelles » et nos « Brins de lierre ». Ce fut un vrai tableau qui s'offrit à nos yeux lorsque nous entrâmes dans la salle brillamment éclairée et qui nous vîmes toute cette jeunesse groupée autour d'une masse de fleurs d'or. Pendant que ces fraîches jeunes voix nous chantaient un cantique de bienvenue, nous eûmes le temps d'admirer ce coup d'œil féérique. Il y avait parmi ces enfants un certain nombre d' « anciens » et d' « anciennes » tous vêtus du charmant costume « bleu de ciel » que portaient les fillettes, et qui était brodé de marguerites. Quel luxe ! direz-vous. Pas du tout. Ce sont leurs costumes du dimanche et c'est une chère amie qui les a brodés de ses propres mains.

On a réalisé dans ce Home une idée nouvelle: Lorsque nos enfants ont quitté la maison pour aller gagner leur vie pendant quelques années au dehors, ils doivent revenir passer une année comme volontaires, dans cette maison où ils ont grandi, ce qui est une aide pour les Sœurs et une joie pour eux. En même temps, ils ont l'occasion d'approfondir leur vie spirituelle, tout en se rendant utiles dans le Home qui a abrité leur enfance. C'était avec bonheur et admiration que nous regardions nos grands enfants, nos fils ayant si bonne façon, et nos filles portant leurs beaux cheveux tressés au lieu de ces affreuses coiffures à la garçon. Elles n'ont pas besoin de fers à friser et de toutes les inventions modernes pour avoir l'air charmantes.

Notre second Home en Poméranie n'est autre que celui de notre bien-aimée « tante Lenchen ». Vous vous souvenez sans doute de Marshallen, le Home qu'elle avait fondé, puis perdu du fait des autorités polonaises. Mais sans se laisser abattre par cette épreuve, elle a de nouveau, avec son grand talent d'organisation, fait d'un désert un ravissant jardin. Une description de cet ensemble de beauté serait difficile, et je ne la tenterai pas. La figure centrale est toujours la douce et gracieuse « Mère » de ce groupe d'enfants, notre chère Tante Lenchen. Elle a, comme « aides », trois de nos jeunes sœurs qui désirent toutes que ce Home soit un véritable jardin du Seigneur, des âmes d'enfants cultivées par Sa main et s'épanouissant pour Sa gloire.

Deux pauvres petits enfants de deux et trois ans, maltraités par leurs parents, avaient été sortis de leur misérable entourage il y a quelque temps. On les avait trouvés dans une écurie, sur de la paille humide. Ils étaient craintifs et tremblants, dès qu'on s'approchait d'eux, répétant toujours: « Papa bat, maman bat ». C'est tout ce qu'ils savaient dire, les pauvres petiots ! Maintenant ils sont transformés et devenus de délicieux petits bouts d'hommes faisant la joie des cœurs aimants qui les soignent. Heureux enfants d'avoir trouvé un si bon Home, plein de soleil et d'amour !

Au bout de ces cinq semaines, nous revînmes à Friedenshort où de joyeuses nouvelles nous attendaient. Il faut vous dire que pendant tout ce long voyage j'avais un fardeau sur le cœur, quoique je l'eusse, à plusieurs reprises, rejeté sur le Seigneur, mais ma foi était faible. Ce fardeau concernait notre provision de pommes de terre pour l'hiver !

Quant à Sœur Eva elle restait sereine et sans souci. Les chiffres ne semblent jamais troubler sa foi. Et comme mon rôle ne doit pas être d'ajouter à ses fardeaux, mais de les partager, je ne lui avais pas parlé de ce poids que j'avais sur le cœur. J'avais calculé que si les pommes de terre étaient au même prix que l'année passée, (et elles pourraient avoir augmenté) il nous faudrait en octobre, en raison de quelques autres dépenses, 550 marks de plus que d'habitude.

Sœur Caroline, notre trésorière, ne m'ayant jamais parlé d'argent dans ses lettres, je me disais qu'elle ne voulait pas nous gâter le plaisir du voyage en mentionnant ce sujet délicat. Je me demandais quelles devaient être ses luttes ? Elle vint nous attendre à la gare et ma première question fut: « Avez-vous un poids sur le cœur ? » Ses yeux brillèrent en me répondant: « Pas le moindre, car un chèque de 600 livres, (quinze mille francs), est arrivé. » Nos cœurs débordaient de joie et d'adoration... Ah ! quel Dieu vivant est le nôtre !

Avec quelle profonde reconnaissance nous regagnâmes notre chère maison. En ce moment nos caves sont pleines et en plus nous avons encore pu faire des silos de pommes de terre, dans notre jardin potager. Nous avons employé toute la main d'œuvre disponible pour ce travail, même nos jeunes Sœurs étudiantes du séminaire du Kinder Garten ont aidé! C'est un joli spectacle de voir les camions bien remplis arriver au Home, surtout par une journée d'automne claire et ensoleillée. L'ouvrage marche vite sous l'habile direction de Sœur Adélaïde. Cette année, je n'ai joui de cette vue qu'en esprit, ayant dû m'envoler, de nouveau, pour cette courte, mais belle tournée en Angleterre et en Irlande, où j'ai eu la joie de rencontrer plusieurs d'entre vous.

Combien j'ai été heureuse de ce petit séjour dans ma chère patrie, depuis le jour du débarquement jusqu'à celui des derniers adieux. En jetant un coup d'œil en arrière, je me demande comment j'ai pu faire et voir tant de choses en si peu de temps. J'ai le cœur débordant d'amour et de reconnaissance envers le Seigneur et envers vous tous, chers amis. C'est Lui qui vous le rendra.

Un nuage menaçait notre horizon à notre insu pendant ce court voyage ; une amie dont j'ai reçu beaucoup de témoignages d'affection a été appelée à monter plus haut ! Oh ! que de départs pour la patrie céleste au cours de ces dernières semaines. D'abord notre bien-aimée Miss Trotter, à Alger, puis le cher docteur Inwood, et M. Head de Keswick. La « grande nuée de témoins » grandit rapidement, et le Seigneur nous laisse encore ici-bas dans l'arène. C'est un appel à polir notre armure et à saisir l'épée d'une main ferme, en vivant comme ceux qui attendent le retour de leur maître. Les lumières de la terre pâlissent; ne serait-ce pas que l'aube va se lever? La nature elle-même fait entendre sa voix à travers le nombre effrayant de catastrophes, de tempêtes, d'éruptions de volcans, d'inondations et de vaisseaux perdus. Dieu parle, oh! puissions-nous l'entendre!

Comme je revenais d'Irlande et que j'entrais dans la cabine du paquebot irlandais, la femme de chambre me demanda si j'avais connu le docteur Inwood, et avant de me retirer pour la courte traversée de nuit, je lui fis voir des portraits de nos enfants. Quand nous abordâmes à Holyhead, à minuit, elle m'apporta une tasse de thé avant de monter dans le train, me disant qu'elle ferait porter mon bagage à la douane. Elle refusa la bonne-main que je lui offris et nous nous séparâmes en sœurs, membres de la grande famille de Dieu. En arrivant à la douane, je retrouvai mon bagage aux mains d'un robuste marin qui me dit être envoyé par la femme de chambre pour prendre soin de moi; lui aussi refusa toute bonne-main. — Non, non, ma Sœur, je connais le capitaine Wallis. — Je dus lui avouer que moi, je ne le connaissais pas, quoiqu'il soit le Président des Unions chrétiennes, à Dublin, et que je sois venue leur donner une conférence. Je compris qu'il voulait dire que nous étions au service du même Maître, et je lui donnai une bonne poignée de main en partant. « Dieu vous bénisse », me dit-il. Ces petits incidents de voyage sont réconfortants, en même temps qu'ils sont un encouragement à agir dans le même esprit.

A Wolverhampton, j'entrai en conversation dans le train, avec un jeune pasteur, qui me demanda si je connaissais Sœur Eva. Je lui parlai de nos enfants. Il avait lu la brochure de Mrs Howard Taylor et nous causâmes des choses qui concernent le royaume de Dieu jusqu'au moment où nos chemins se séparèrent. En revenant d'Irlande, je passai encore d'agréables moments à Glenconner, (Bromley), chez M. et Mme Sloan dont l'hospitalité embellit mon court séjour. Puis je fis la traversée de la mer du Nord pour arriver à Berlin le samedi. A ma grande surprise je trouvai à la gare notre chère vieille sœur Clara qui a 78 ans, mais elle est encore étonnamment jeune et active.

Le lendemain, je rentrai à Friedenshort au moment de la fête annuelle en l'honneur de l'anniversaire de Sœur Eva.

Quinze jours plus tard, Sœur Eva et moi partions pour Breslau où elle devait présider plusieurs réunions d'évangélisation. Comme elle était à peine remise d'une grave maladie, ces journées furent fatigantes pour elle, d'autant plus que, les salles étant bondées, on dut se transporter à l'Eglise. Nous n'étions pas sans inquiétude à son sujet, mais Dieu répondit à nos prières, et nous pûmes, au bout de 8 jours, aller visiter notre « Warteberg » où nous trouvâmes les travaux de construction bien avancés. Nous avons fait transformer un vaste bâtiment d'écurie en une maison pour les nombreuses sociétés qui nous demandent un local temporaire pour des « camps » de vacances. Et ce sera un soulagement pour le personnel de « Warteberg », qui est souvent surmené. Nous pourrons aussi y avoir nos « camps d'Etoiliens ». Nous passâmes là des heures bénies, puis nous revînmes à Friedenshort pour commencer joyeusement le travail de l'hiver.

En terminant cette lettre il faut encore que je rende un témoignage ému à la mémoire de la chère Miss Trotter. C'est un des plus grands privilèges de ma vie d'avoir pu travailler sous sa direction pendant 7 ans, à Alger. Il n'y a pas de paroles pour dire ce que sa vie a été au milieu de ceux qui la voyaient journellement. En toutes circonstances et dans les situations souvent difficiles de sa vie missionnaire, c'était Christ Lui-même qui transparaissait en elle. On sentait que c'était bien Lui qui la guidait, la dirigeait et travaillait par elle.

Jamais elle n'essaya d'attirer les âmes à elle-même. Dans toutes mes relations avec cette Sœur, je me disais : Si Christ a pu faire une si grande œuvre en elle, Il pourra peut-être faire aussi quelque chose en moi. Je me souviens avoir une fois dit à quelqu'un qui le connaissait à fond que la seule chose que j'eusse regretté chez Miss Trotter, c'est qu'elle ne pût sympathiser avec les natures qui prennent feu facilement, n'ayant aucune tentation de ce côté-là. Elle me répondit en souriant que ses frères et sœurs l'avaient surnommée « La tigresse », mais dès que, toute jeune encore, elle eut donné son cœur et sa vie à Dieu, toutes choses avaient été faites nouvelles en elle.

Miss Trotter était si vraiment humble que les louanges semblaient ne pas la toucher. Que de fois, je l'ai entendue rire quand on lui en adressait, disant: « Quelles belles lunettes roses vous mettez pour me regarder, chers amis. Heureusement que je sais à quoi m'en tenir. » Elle ne se défendait pas comme le font parfois des âmes moins humbles. On peut dire que sa vie illustrait les enseignements de son beau livre: « les paraboles de la Croix. » Elle avait une foi vivante qui ne doutait de rien, persuadée qu'elle était que le grain semé dans le terrain aride de l'Islam germerait un jour, convaincue que beaucoup étaient déjà des disciples en secret, elle attendait leur manifestation. Maintenant qu'elle a reçu dans l'Au-delà, des flots de lumière sur l'œuvre divine dans ces pays enténébrés, peut-être même travaille-t-elle pour ces âmes qui lui étaient si chères, avec Celui qui était et qui est sa *Vie.*

Nous ne pouvons pas sonder les mystères de la vie future, mais nous savons, par les déclarations de Christ Lui-même que tout grain de blé jeté en terre, s'il meurt, porte beaucoup de fruit. Puisse la mission d'Alger être remplie du parfum du vase brisé, c'est-à-dire de la vie que sa fondatrice avait livrée. Tous ceux qui l'ont connue peuvent dire qu'ils ont vu en elle l'illustration de Gal: II: 20. « Ce n'est plus moi qui vis, mais c'est Christ qui vit en moi; et si je vis encore dans ce corps mortel, je vis dans la foi au Fils de Dieu qui m'a aimé et qui s'est donné lui-même pour moi. »

C'est aussi à Alger que je rencontrai pour la première fois le docteur Inwood, il y a bien des années. Ses messages étaient toujours donnés par l'épée de l'Esprit, mais on sentait que cette épée était trempée dans l'huile de l'amour. Ce fut une rencontre bénie que celle que j'eus avec lui à la convention de Keswick en 1925. Quelle perte pour Keswick que son départ pour le ciel. On n'y entendra plus les accents de ce prophète de

Dieu, dont la trompette ne rendait point un son incertain. Les « pères » s'en vont; Dieu veuille que leurs manteaux tombent sur des fils dignes et capables de leur succéder.

Sœur Eva se joint à moi pour vous envoyer ses affectueux messages.

A vous dans Son heureux Service,

Sœur ANNIE.

Maison des diaconesses
Friedenshort, Mars, 1929.

Mes chers amis,

Nous voici en mars, ce qui me rappelle que c'est le moment de vous écrire. Quoique j'aie du travail par dessus la tête, il faut que je trouve le temps de vous donner de nos nouvelles.

Cette année, mars ne s'est pas présenté sous la forme d'un lion, mais plutôt sous celle d'un glacier. Toute l'Europe centrale a failli geler en bloc. Mais aujourd'hui, 12 mars, l'air semble se réchauffer.

Quant à la température de nos appartements, nous nous sommes contentées de peu; nous étions reconnaissantes quand le thermomètre ne marquait que onze degrés centigrades au-dessous de zéro, au lieu de trente cinq. Il est même descendu plus bas dans d'autres districts de la Silésie. On a raconté que des loups avaient rôdé dans le voisinage, mais je n'ai pu vérifier la chose, quoiqu'elle soit possible, car nous ne sommes séparés de la Russie que par de vastes forêts. Il s'est passé des choses bien tristes, le froid si intense ayant causé de nombreux décès. Que c'est pénible de n'avoir pu secourir tant de malheureux dont nous ignorions la misère! Par quelles souffrances ils ont dû passer!

Nous avons appris que toute une caravane de Bohémiens sont morts gelés, et nous avons souffert de penser à ces pauvres enfants à demi-sauvages, vivant en liberté dans les forêts, et mourant en silence loin de toute habitation humaine! La seule consolation, dans des cas de ce genre, c'est de savoir que si pas un passereau ne tombe en terre sans la volonté du Père céleste, Il saura bien prendre soin des êtres qu'Il a créés à Son image. Quel contraste quand nous regardons nos chers enfants, petits et grands, tous ayant si bonne mine, et quelle profonde reconnaissance nous éprouvons, bien que mélangée de tristesse par la pensée de ces autres brebis!

Quoique cette lettre soit composée d'ombres et de rayons, car de gros nuages se sont amoncelés sur nos têtes durant ces derniers mois, c'est cependant la note de la louange et de la reconnaissance qui prédomine. Le plus noir de ces nuages avait non seulement une « bordure argentée », mais la gloire divine qui transparaissait y ajoutait des rayons dorés. Nous nous attendons à voir, même ici-bas, d'autres rayons lumineux. Trois de ces sombres nuages concernaient le départ pour le Ciel de trois de nos bien-aimées sœurs. Deux en Chine, et une dans un de nos Homes d'enfants.

La première appelée fut Sœur Marie, à Tating, dans la Chine occidentale. Elle s'y était rendue n'étant plus jeune, et ayant travaillé plusieurs années dans la Mission aux Indes. Pendant la guerre, plusieurs missionnaires ayant dû quitter l'œuvre, elle était rentrée en Allemagne. Mais son cœur de missionnaire ne pouvait se contenter de rester au pays, et la porte qui s'était fermée aux Indes s'était ouverte en Chine, de sorte qu'en 1921 elle alla rejoindre nos Sœurs dans notre petite station missionnaire de Tating. Elle avait le véritable esprit missionnaire qui se manifesta dès le début. Seule missionnaire, sur un petit navire de commerce, en 8e classe, elle n'eut pas un voyage facile et agréable, mais elle y avait joyeusement consenti, pour ménager les fonds de l'œuvre qui avaient énormément diminué.

Une fois arrivée à Tating, Sœur Marie montra une grande humilité et s'efforça de servir les autres. Une autre Sœur la carac-

térisait dans une lettre, comme « celle qui
était toujours prête à servir. » Elle était
infatigable au service de tous, se chargeant
de tous les devoirs du ménage, ainsi que du
soin des « orphelins de la famine », pour
laisser les autres sœurs libres d'étudier la langue ou de se consacrer plus directement à
l'œuvre missionnaire. Quand il y avait des
malades, c'est elle qui les soignait, ne s'épar-
gnant jamais jusqu'au jour, où hélas! après
une courte maladie elle succomba au typhus!
Elle a ainsi échangé le service actif pour le
repos céleste, et, peut-être, pour un service
plus vaste, plus complet dans la gloire du
ciel.

Quoiqu'elle ait passé ses dernières années
en Chine, notre sœur restait fidèle à son « premier amour », les Indes, où elle espérait retourner, la porte s'étant rouverte. Et maintenant elle voit son Roi « face à face » et
continue sans doute là-haut, à travailler pour
ces deux pays!

Peu après l'arrivée des lettres qui nous don-
naient des détails sur sa maladie, je reçus
une seconde dépêche avec ces mots: « Teuber
est morte à Tating le 29 courant. » J'en fus
tellement abasourdie que je répétais: « Teuber est morte, Teuber est morte à Tating »,
sans bien réaliser le sens de ce court message.
Etait-ce possible? La plus jeune de nos sœurs,

la plus gaie, avec ses cheveux blonds, ses yeux bleus, la chère Sœur Louise qui paraissait la plus forte, la plus robuste! Nous n'avons pas encore de détails, mais nous savons qu'elle aussi est tombée victime du « typhus-famine » qui fait rage dans cette partie de la Chine. Nous aurons bientôt des détails sur les derniers moments de ces deux sœurs qui ont achevé leur tâche ici-bas pour entrer dans la vie éternelle et glorieuse! Sœur Louise avait justement passé son examen pour la langue chinoise et aurait ainsi pu se rendre encore plus utile.

Qu'il fait bon, dans ces moments si pénibles, pouvoir s'appuyer sur Celui qui ne se trompe jamais. La troisième Sœur que Dieu nous a reprise était la « Petite Mère » de notre Home, à Crossen, celui des « *Flocons de neige* », morte des suites d'une attaque d'influenza. Elle avait été transportée à l'Hôpital de la ville qui est aussi desservi par nos Sœurs, de sorte qu'elle ne s'est pas sentie seule au milieu d'étrangers. Tout ce que l'amour et la science médicale ont pu faire pour elle a été fait, mais l'heure de Dieu avait sonné et la voilà maintenant de l'autre côté du voile. Elle répéta ces paroles au milieu de ses grandes souffrances: « Soit que nous vivions, soit que nous mourrions, nous sommes avec le Seigneur. » Ce fut le texte du discours

prononcé à son ensevelissement. Deux jours
avant son départ, ses enfants vinrent lui
chanter des cantiques et elle put les exhorter à suivre le Sauveur et à Lui plaire en toutes choses. Le lendemain, elle avait perdu
connaissance et, le troisième jour, elle échan-
gea la terre pour le ciel. C'est une perte incal-
culable pour celles de ses filles qui gagnent
leur vie loin de nous. Un de ses fils travaille
maintenant ici, à Friedenshort, et son chagrin de la perdre était poignant. Elle com-
prenait si bien ses grands garçons et ils l'ai-
maient tant.

Je vous parlais, en commençant cette lettre-circulaire, des froids sibériens que nous
avons eus cet hiver, mais sans ajouter ce qu'il
en est résulté: de fortes dépenses de charbon,
sans parler des gouttières sur le toit et des
tuyaux gelés. En un mot tous les dégâts qui
accompagnent une si longue période de gel
et de neige. Tout cela suppose de grands frais
et je me demandais comment nous sortirions
de ces difficultés. Nous savions que notre Père connaissait nos soucis et que Sa puissante
main était bien capable de nous donner les
quelques centaines de livres qu'il nous fallait.

Et maintenant qu'est-il arrivé? Une lettre
vint de ce même ami dont je vous ai parlé
plus d'une fois, et voici ce qu'il disait: « Nous
avons beaucoup pensé à vous pendant ces

dernières semaines, ayant lu dans les journaux que votre contrée avait particulièrement souffert des conditions climatériques si rigoureuses de cet hiver. Nous aimons à penser que vous avez eu de quoi vous chauffer et vous nourrir suffisamment. » Cette lettre contenait un chèque d'une forte somme pour notre œuvre.

Sœur Caroline apporta le courrier au cottage de Sœur Eva, où je m'étais établie pour écrire ces lignes. Sœur Eva était retenue dans son lit, et après avoir lu la lettre, nous courûmes en haut, à la petite chambre où Sœur Eva se reposait, pour lui faire part de cette heureuse nouvelle. Après avoir relu ensemble cet affectueux message, le cœur débordant de reconnaissance, nous tombâmes à genoux pour remercier Celui qui est « la Source de tous les biens », Lui demandant une bénédiction spéciale pour l'ami qui avait enlevé notre lourd fardeau. Nous pleurions toutes de joie. Comme nous nous réjouissons de raconter nos bonnes nouvelles à dîner !

Nous fûmes, dès l'entrée de l'hiver, plongés dans un froid intense. Pour comble de malheur la grippe s'est mise de la partie. Heureusement qu'à Friedenshort elle a été assez rare, mais les victimes n'en disparaissaient pas moins les unes après les autres.

La Sœur Caroline était absente, ayant bien

mérité ses vacances, mais elle est de retour,
toute renouvelée par ce temps de repos. Celle
qui nous a donné le plus d'inquiétude, c'est
Sœur Eva qui avait pris une forte bronchite
et a été bien malade pendant cinq semaines.
Grâce à Dieu, elle est en bonne voie de con-
valescence, mais ce n'est pas facile de la soigner, et on lui a même fait entendre qu'il est
plus facile de soigner dix enfants qu'une seule Mère! Les enfants font au moins ce qu'on
leur dit, tandis que la Mère en fait à sa tête.

Sœur Eva est si énergique, par nature, et a
une telle horreur de ce qu'elle appelle « se dor-
loter », que je lui ai rappelé une parole de S.
D. Gordon, lors de sa visite il y a quelques années. Elle n'était déjà pas très robuste, et,
connaissant son admiration pour Saint François d'Assise, il lui dit un jour gravement:
« Sœur Eva, si François d'Assise avait eu un
peu pitié de son frère l'âne, comme il appelait
son corps, il aurait vécu plus longtemps et travaillé davantage. »

Un de ces jours derniers, elle parlait même
d'aviation ; c'en fut trop pour moi et je dus
lui dire qu'une grande partie de mon devoir
à Friedenshort semblait être de retenir ses
pieds sur la terre, que jamais je ne pourrais
l'encourager à voler! Comment la Mère de
mille enfants aurait-elle le droit de « s'envoler! » Par bonheur ce genre de sport est trop

cher pour elle qui considère presque comme
un péché ses dépenses personnelles.

Avant de terminer il faut que je vous raconte comment Dieu nous a préservées d'un
grand danger dans un de nos Homes d'enfants. Nous y avons, non seulement des enfants, mais aussi des jeunes filles de 14 à 16
ans, pour les former au service. Un matin de
bonne heure, toute la jeunesse d'un des dortoirs fut réveillée par le chant de l'une d'elles
qui, tout en dormant, répétait ce cantique:

« Je me confie en toi, Seigneur Jésus,
    « En Toi seulement;
« Je me confie en Toi pour mon salut
    « Si grand, et tout gratuit! »

Elle s'était assise sur son lit et chantait ce
refrain d'une voix endormie, puis elle se re-
coucha et continua son sommeil. Les autres
se demandaient s'il ne faudrait pas la réveiller, quand, tout à coup, un débris enflammé
tomba du plafond sur la figure de l'une d'elles. Elle resta un moment tout étourdie par
le choc, et les autres, voyant le feu au-dessus
de leurs têtes, se précipitèrent au bas de l'escalier en poussant des cris de terreur et elles
allèrent chercher la directrice. En nous racontant l'histoire, celle-ci nous dit que malgré son
émotion intense, elle n'avait pu s'empêcher
d'admirer la beauté de cette scène, ce groupe
de jeunes filles en costume de nuit, pâles de

frayeur lui faisaient l'effet d'un bouquet de perce-neige: Elles étaient toutes plus belles l'une que l'autre, malgré l'effroi qui se lisait dans leurs regards. Toute la maisonnée fut bientôt sur pied et Sœur Elizabeth qui est général dans l'âme, son père et ses frères étant tous dans l'armée, prit le haut commandement, de sorte qu'avant l'arrivée des pompiers le feu était éteint. Mais on l'avait échappé belle et Dieu les avait miraculeusement protégées.

C'est à une fissure dans la cheminée, semble-t-il, qu'est dû cet accident, et les coupables seraient des souris qui y auraient fait leurs nids, attirées par la chaleur. C'est une vieille maison de ferme d'où on n'avait pu les chasser. On pense que leurs nids avaient pris feu par le moyen d'étincelles. Heureusement que le feu n'eut pas le temps de se propager plus loin et qu'il n'y eut pas de grands dommages. On avait rapidement habillé les plus jeunes enfants, les plus grands étant de service pour faire la chaîne et emporter la paille. Le fermier voisin était venu à leur aide, et Sœur Elisabeth, qui sortait d'une grave maladie, sentant ses forces faiblir, se retira dans sa chambre pour crier à Dieu, Lui demandant de les protéger de tout danger. Bientôt arriva une Sœur pour lui dire que le feu était éteint et tout danger passé. Vous pouvez vous imaginer quels étaient leurs sentiments de reconnaissance, que nous partageâmes quand elles nous racontèrent l'évènement.

Nous venons d'avoir une courte mais réconfortante visite d'un cher serviteur de Dieu dont les pieds sont fermement plantés sur la terre, mais dont le cœur est rempli de choses célestes. Il joue de la trompette et en retire autant de jouissance qu'il en procure aux autres. Il faut que je vous raconte l'amusante histoire qui se rattache à ses premiers efforts musicaux. Lorsqu'il était tout jeune, il avait appris qu'un généreux ami de la musique avait donné à la Société dont il faisait partie, un bon nombre d'instruments de cuivre pour les mettre à la disposition de ceux qui les voudraient. Il choisit le plus grand de tous et l'emporta en triomphe pour aller l'essayer dans sa chambre. Il prit soin d'ouvrir les fenêtres toutes grandes, afin que tout le voisinage pût en jouir. Il joua ainsi chaque jour avec une louable énergie. Un certain jour, une jeune fille habitant une maison voisine vint chez eux avec un pot à lait, disant que le docteur avait ordonné à son père malade, de « boire du chaud lait ». On lui demanda avec étonnement pourquoi elle venait chercher du lait ici et elle répondit que son père avait souvent entendu beugler une

vache dans cette direction, et qu'il espérait
pouvoir en obtenir du lait!

Il nous a raconté un grand nombre d'histoires pendant sa courte visite, non seulement des choses amusantes, mais aussi des souvenirs intéressants et instructifs. Il a rencontré bien des hommes de Dieu dont vous connaissez peut-être les noms: Frommel, Jellinghans, Rothkirch, Comte Pückler, Général von Viebahn, George Müller, Docteur Baedeker, Hudson-Taylor, F. B. Meyer, qui est mort dernièrement, etc... Cela fait du bien de rencontrer un homme dont la mémoire est si richement meublée, et nous espérons qu'ayant trouvé le chemin de notre maison, il y reviendra souvent.

Et maintenant il est temps de terminer cette lettre-circulaire, en vous envoyant à tous d'affectueux messages auxquels se joint Sœur Eva.

A vous dans le Service de notre bien-aimé Sauveur.

Sœur Annie.

Le titre de ce livre est très exact. Il s'agit bien d'une histoire sans fin puisque l'œuvre commencée sous l'inspiration du Saint-Esprit par Sœur Eva se développe d'année en année par la fondation de nouveaux Homes.

En ce moment Sœur Eva est très affaiblie et sérieusement malade. Demandons à Dieu de lui rendre la santé et de continuer à lui permettre de recueillir des milliers d'orphelins et d'être en Chine, par sa foi, un instrument de salut pour des milliers de Chinois.

LEZAY (DEUX-SÈVRES) — IMPRIMERIE A. CHOPIN